Felix von Luschan

Ausgrabungen in Sendschirli

I. Einleitung und Inschriften

Felix von Luschan

Ausgrabungen in Sendschirli
I. Einleitung und Inschriften

ISBN/EAN: 9783743615328

Hergestellt in Europa, USA, Kanada, Australien, Japan

Cover: Foto ©ninafisch / pixelio.de

Manufactured and distributed by brebook publishing software
(www.brebook.com)

Felix von Luschan

Ausgrabungen in Sendschirli

KÖNIGLICHE MUSEEN ZU BERLIN

MITTHEILUNGEN

AUS DEN

ORIENTALISCHEN SAMMLUNGEN

HEFT XI

AUSGRABUNGEN IN SENDSCHIRLI I

BERLIN

W. SPEMANN

1893

AUSGRABUNGEN

IN

SENDSCHIRLI

AUSGEFÜHRT UND HERAUSGEGEBEN

IM AUFTRAGE

DES ORIENT-COMITÉS ZU BERLIN

I
EINLEITUNG UND INSCHRIFTEN

MIT 1 KARTE UND 8 TAFELN

—

BERLIN
W. SPEMANN
1893

MITTHEILUNGEN DES ORIENT-COMITÉS.

❖❖❖

I. VORWORT DES ORIENT-COMITÉS.

Unter dem unsere Zeit beherrschenden Zeichen der exacten Forschung hat auch die Geschichtswissenschaft sich an Stelle der philosophischen Speculation die naturwissenschaftliche Methode zu ihrem Leitstern erkoren und forscht in Archiven und Schutthügeln nach den Denkmälern selbst, aus denen sie die Vergangenheit wieder aufbaut. Gewaltig ist zumal der Aufschwung, den die Erforschung des alten Orients in den letzten Jahrzehnten genommen hat. Völker der fernsten Jahrtausende sind zu neuem Leben erweckt, und die Denkmäler Aegyptens, Babyloniens, Assyriens, Syriens, Klein-Asiens, geben uns ungeahnte Aufschlüsse über die Herkunft und den Entwickelungsgang unserer eigenen Cultur.

Alle Nationen haben, wenn auch in verschiedener Weise, an dieser Erforschung theilgenommen. Während die Engländer und Franzosen und zuletzt die Amerikaner durch grossartige Ausgrabungen sich in den Besitz der Alterthümer selbst gesetzt haben, haben die Deutschen sich fast immer begnügt, das zu erklären, was jene fanden; sie haben die geistige Arbeit zu gutem Theil gethan, aber an der materiellen Ausbeute haben sie einen verhältnissmässig nur geringen Antheil gehabt. Wer die Denkmäler selbst kennen lernen und studiren will, muss sie in London, in Paris, in den Museen Amerikas aufsuchen, während sich in den deutschen Museen gerade hier eine bedauernswerthe Lücke zeigt.

Wenn sich auch im Alterthumshandel zuweilen Gelegenheit bietet, derartige Monumente zu erwerben, so wäre es doch, wie die Erfahrung lehrt, ein vergebliches Bemühen, auf diesem Wege die orientalischen Sammlungen unserer deutschen Museen zu der Höhe, die ihnen gebührt, emporheben zu wollen. Grössere Sculpturen und Schriftdenkmäler, in denen die Geschichtsforschung, die Kunstgeschichte, die Religionswissenschaft, die Bibelforschung, die Ethnologie und die Sprachwissenschaft ihre Studienobjecte sieht, sind fast nie im Handel zu haben; wer solche erwerben will, muss selbst Hand anlegen an die Schutthügel des Orients.

Sollen aber auf Ausgrabungen hinzielende Projecte erfolgreich verwirklicht werden, so muss jede sich bietende Gelegenheit auf der Stelle benutzt werden können.

und ebenso ist es nöthig, die jeweilige Möglichkeit zur Erlangung von Ausgrabungs- und Ausfuhrerlaubnissen in jedem Augenblick verwerthen zu können. Wenn eventuell der Credit eines nächsten Etatsjahres abgewartet werden muss oder eine ausserordentliche Bewilligung auf langwierigem Instanzenweg zu erwirken ist, so ist der richtige Moment in der Regel verpasst.

Von diesen Gesichtspunkten geleitet, traten am 10. Juni 1887 die Herren General-secretar Conze, Prof. Curtius, Prof. Dillmann, Prof. Erman, Dr. Jagor, Prof. von Kauffmann, Dr. Reiss, Prof. Sachau und Prof. Schrader zu einem »Comité behufs Erforschung der Trümmerstätten des alten Orients« zusammen, das einen von ihm gewählten »Executivausschuss«, bestehend aus den Herren von Kauffmann, Reiss und Sachau, dem später Herr Dr. G. von Bleichröder als Schatzmeister beitrat, damit beauftragte, weitere Fachmänner und opferfreudige Laien für die vorschwebende Idee zu interessiren und besonders durch Beschaffung eines Betriebsfonds die Ausführung von Ausgrabungsarbeiten zu ermöglichen. Nach Absicht der Gründer des Comités sollten die Fundergebnisse solcher Ausgrabungen den deutschen Museen zum Selbstkostenpreise zur Verfügung gestellt und auf diese Weise der Betriebsfonds stets wieder zu neuen Arbeiten verfügbar gemacht werden.

Schon am 14. November 1887 konnte der Ausschuss dem provisorischen Comité über den günstigen Fortgang seiner Bemühungen berichten: zahlreiche Freunde und Gönner hatten ihre Mitwirkung und Unterstützung zugesagt und waren bereit, dem Comité als Mitglieder und Stifter unter Zeichnung namhafter Beträge beizutreten. Demzufolge wurde in einer Versammlung vom 26. Februar 1888 nicht nur die definitive Bildung des »Orient-Comités« beschlossen und die Statuten desselben (s. S. VII) festgesetzt, sondern es konnte auch bereits der von Herrn Dr. von Luschan ausgearbeitete Plan für die erste seitens des Comités zu entsendende Expedition zur Genehmigung vorgelegt werden.

Die Leitung der Geschäfte des Comités wurde abermals einem Ausschuss übertragen, welcher in Folge jährlicher Wiederwahl aus den Herren Prof. von Kauffmann, Vorsitzender, Dr. Reiss, stellvertretender Vorsitzender, Prof. Sachau, Prof. Schrader, Dr. G. von Bleichröder, Schatzmeister, sich zusammensetzte, denen mit dem 1. October 1892, nachdem Herr Dr. Reiss ausgeschieden ist, Herr Generalsecretar Prof. Dr. Conze hinzutrat.

Während seiner bisherigen Thätigkeit ist das Orient-Comité stets von dem Wohlwollen Allerhöchsten Ortes und von der thatkräftigen Unterstützung der Behörden getragen worden:

Kaiser Wilhelm I. hat von der Gründung des Comités beifällig Kenntniss zu nehmen geruht.

Kaiser Friedrich fand noch Zeit, in einem Allerhöchsten Handschreiben zu erklären, dass »Allerhöchstderselbe mit grossem Interesse davon Kenntniss zu nehmen geruht habe, dass das Orient-Comité eine Expedition nach Nordsyrien beschlossen habe, um die Ergebnisse der Ausgrabungen auf den Trümmerstätten des alten Orients den deutschen Museen zum Selbstkostenpreis zu überlassen. Allerhöchstderselbe begrüsse diese Bestrebungen, welche im Interesse der deutschen Wissenschaft von hervorragenden Ge-

lehrten unternommen und von patriotisch denkenden Männern capital-
kräftig unterstützt würden, mit Freuden und hoffe, dass ihre Ausbeute eine
fühlbare Lücke unserer Museen ausfüllen werde«.

Seine Majestät der Kaiser Wilhelm II., ein Monarch, dessen Blick auf
die geschichtliche Erforschung der Dinge gerichtet ist, der sich mit allen
ernsten Bestrebungen der Nation eins weiss, geruht ebenso ein aller-
gnädigster Förderer der Pläne des Orient-Comités zu sein.

Auch haben die Bestrebungen des Orient-Comités jederzeit volle Würdigung bei
dem Preussischen Cultusministerium und der Generalverwaltung der Königlichen Museen gefunden. Durch deren Unterstützung, insbesondere durch bereit-
willige Beurlaubung von Museumsbeamten behufs Theilnahme derselben an den Expeditionen des Orient-Comités, sind erst jene Erfolge ermöglicht worden, von denen
die Veröffentlichungen des Comités Zeugniss ablegen sollen. — Ganz besonderer Dank
gebührt dem früheren Kaiserlich Deutschen Botschafter in Constantinopel
Seiner Excellenz Herrn von Radowitz für das den Arbeiten des Comités entgegen-
gebrachte lebhafte Interesse und deren thatkräftige Förderung.

Vor allem aber hat der Generaldirector der Kaiserlich Türkischen Museen,
Seine Excellenz Hamdy Bey, den Bestrebungen des Comités stets das grösste Wohlwollen bethätigt und ist dasselbe Seiner Excellenz ganz ausnehmend verpflichtet.

Der erfolgreiche Ausgang der bisherigen Expeditionen führte dem Comité stets
neue Gönner und Förderer zu, welche demselben entweder direct als Mitglieder und
Stifter beitraten (s. Verzeichnis der Mitglieder des Orient-Comités S. V), oder sich am
14. Juli 1889 zu einem besonderen »Leipziger Zweig-Comité« vereinigten (s. S. VI).

Ausser einer Versuchsausgrabung in Tralles am Mäander (September, October 1888), die von den Herren Dörpfeld, Humann, von Kauffmann geleitet wurde,
und deren Resultate in den Mittheilungen des Königlichen Archäologischen Instituts in
Athen mitgetheilt werden sollen, wurden seitens des Orient-Comités bisher drei
grosse Expeditionen nach Sendschirli in Nordsyrien entsandt, denen hoffentlich bald eine vierte Expedition, zum Abschluss der dort begonnenen Arbeiten, wird
folgen können.

Die I. Expedition (von April bis Juli 1888) stand unter der Leitung
von Director Humann und später unter der von Dr. F. von Luschan und wurde
begleitet von Dr. Winter.

Die II. Expedition (von Januar bis Juni 1890) leitete Dr. F. von Luschan
unter Betheiligung von Prof. Dr. Euting, Architekt R. Koldewey und wurde
begleitet von Ed. Stucken.

Die III. Expedition (von October 1890 bis April 1891) unterstand
abermals der Leitung von Dr. F. von Luschan unter Betheiligung von Architekt
R. Koldewey und Ed. Stucken.

Über den Verlauf dieser Expeditionen wie über deren Ergebnisse sollen nach
einem Übereinkommen der Generalverwaltung der Königlichen Museen mit dem Orient-
Comité fortlaufende Publicationen in den »Mittheilungen aus den orientalischen Sammlungen der Königlichen Museen« ausführlich berichten.

Die wichtigen, bei den bisherigen Expeditionen gemachten Fundstücke haben zu einer Hälfte in den Museen in Constantinopel, zur anderen Hälfte in dem Berliner Museum bereits ihre Aufstellung gefunden. (Vergl. u. a. Verzeichniss der Vorderasiatischen Alterthümer in den Königlichen Museen zu Berlin. 1889. SS. 37, 80, 124.)

Während Seine Excellenz Hamdy Bey auch an dieser Stelle als der Entdecker derselben hervorzuheben ist, gebührt das Verdienst, die Trümmerstätten von Sendschirli als erstes Arbeitsfeld für das Orient-Comité in Vorschlag gebracht zu haben, Herrn Dr. von Luschan, dessen Aufmerksamkeit sie bei einer in Gemeinschaft mit Dr. Prenstem im Jahre 1883 ausgeführten Excursion erregten.

Der berühmte Entdecker des Altars von Pergamon, Director Dr. Humann, hat voller Selbstaufopferung einem Theil der I. Expedition persönlich vorgestanden; er hat die Verhandlungen über alle Expeditionen mit den Kaiserlich Türkischen Behörden zu für beide Theile jeweilig gleich erfreulichem Ende geführt. Dr. von Luschan hat während dreier Expeditionen allen Gefahren und Beschwerden derartiger Arbeiten, in vollster Hingabe an sein Werk, getrotzt und neben ihm haben in gleicher Linie gefochten Männer, wie Prof. Dr. Euting und Architekt Koldewey, denen sich anschlossen Herr Ed. Stucken als Volontär und Herr Dr. Winter im Auftrage des Kaiserlich Deutschen Archäologischen Institutes.

Indem das Orient-Comité die Berichte dieser Männer über ihre Leistungen in den nachfolgenden Publicationen der Öffentlichkeit übergiebt, spricht es denselben für die dem Comité geleisteten Dienste seinen ergebensten Dank aus. Derselbe Dank aber gebührt auch den anderen Herren Mitarbeitern, die für die Publicationen des Orient-Comités gewonnen sind und mithelfen wollen, das bei den Expeditionen zu Tage geförderte Roherz in die Münze der Wissenschaft umzuprägen.

Berlin, im December 1892.

Das Orient-Comité.
Der Vorsitzende.

2. VERZEICHNISS DER MITGLIEDER DES ORIENT-COMITÉS ZU BERLIN.

Ausschuss:

Prof. Dr. von Kaufmann, Vorsitzender. (1887.)
Geh. Regierungsrath Dr. W. Russ, stellvertretender Vorsitzender. (1887 bis 1. October 1892.)
Geh. Regierungsrath Prof. Dr. Sachau. (1887.)
Prof. Dr. Schrader. (1888.)
General-Secretär Prof. Dr. Conze. (Vom 1. October 1892.)
Dr. G. von Bleichröder, Schatzmeister. (1887.)

Schriftführer:

Hauptmann a. D. G. Kollm. (1889.)

Mitglieder:

D. Dr. von Gossler, Excellenz, Königl. Staatsminister und Ober-Präsident, in Danzig. (1891.)

Dr. Bastian, Prof., Geh. Regierungsrath, Director des Königl. Museums für Völkerkunde, in Berlin. (1888.)
Dr. Conze, Prof., General-Secretär des Kaiserl. Deutschen Archäologischen Instituts, in Charlottenburg. (1887.)
Dr. Curtius, Prof., Geh. Regierungsrath, Director bei den Königl. Museen, in Berlin. (1887.)
Dr. Dillmann, Prof., in Berlin. (1887.)
Dr. Erman, Prof., Director bei den Königl. Museen, in Berlin. (1887.)
Dr. Ewting, Prof., in Strassburg i. E. (1891.)
Dr. Humann, Director bei den Königl. Museen, in Smyrna. (1889.)
Dr. Jacob, F., in Berlin. (1887.)
Dr. Dr. von Kaufmann, Prof., in Berlin. (1887.)
Dr. Kimpel, Prof., Geh. Regierungsrath, Director bei den Königl. Museen, in Berlin. (1889.)
Dr. Kiepert, Prof., in Berlin. (1888.)
Koldewey, R., Architekt, in Hamburg. (1891.)
Dr. Lehmann, Carl, in Berlin. (1888.)
Dr. Lehmann, in Berlin. (1887.)
Dr. Montel, Bibliothekar am Königl. Seminar für Orientalische Sprachen, in Berlin. (1888.)
Dr. Primmern, Directorial-Assistent bei den Königl. Museen, in Berlin. (1888.)
Dr. Russ, W., Geh. Regierungsrath, auf Schloss Könitz. (1887.)
Dr. Frhr. von Richthofen, Prof., in Berlin. (1888.)
Dr. Sachau, Prof., Geh. Regierungsrath, Director des Königl. Seminars für Orientalische Sprachen, in Berlin. (1887.)
D. Dr. Schrader, Prof., in Berlin. (1887.)
Dr. Steindorff, G., Directorial-Assistent bei den Königl. Museen, in Berlin. (1891.)
Dr. Virchow, R., Prof., Geh. Medicinalrath, in Berlin. (1888.)

Mitglieder und Stifter:

Berendt, Martin, Banquier, in Hamburg. (1887.)
Dr. von Bleichröder, G., in Berlin. (1887.)
Dr. Bürklin, Intendant der Grossherzoglichen Theater und Mitglied des Reichstags, in Karlsruhe. (1888.)
Camphausen, Excellenz, Königl. Staatsminister, in Berlin. (1888.)
Clemm, Commercienrath, in Ludwigshafen a. Rh. (1888.)
von Dirksen, Geh. Legationsrath, in Berlin. (1888.)
Essenwann, General-Consul, in Berlin. (1888.)
Gerson, Georg W., in Berlin. (1888.)
Goldberger, General-Consul, in Berlin. (1888.)
Dr. Hartogsolm, in Berlin. (1888.)
von den Heyden, Director, in Berlin. (1888.)
von den Heydt, Carl, in Berlin. (1887.)
Hirschler, Julius, Banquier, in Berlin. (1888.)
Hoim, Architekt, in Rom. (1888.)
von Jacobi, Rentier, in Berlin. (1888.)
Kauffmann, Commercienrath, in Breslau. (1888.) †

Kopetzky, W., Banquier, in Berlin. (1888.)
von Lercq, A., in Berlin. (1891.)
Dr. Lewcke, Rechtsanwalt, in Frankfurt a. M. (1888.)
Levy, Königl. Baurath. Geschäftsinhaber der Disconto-Gesellschaft, in Berlin. (1888.)
Leo, Heinrich, Banquier, in Berlin. (1888.)
Lessing, Geh. Justizrath, in Berlin. (1888.)
Martini, Director, in Berlin. (1888.)
von Mendelssohn, Robert, Banquier, in Berlin. (1888.)
Pfeifer, Eugen, Fabrikant, in Cöln. (1889.)
Philippi, N., Banquier, in Berlin. (1887.)
Possart, E., Rittergutsbesitzer, in Berlin. (1889.)
Reiss, Carl, Consul, in Mannheim. (1888.)
Salomon, James, Banquier, in Berlin. (1888.)
Schlesinger-Trier, C., Banquier, in Berlin. (1888.)
Frhr. von Schneider, Th., in Berlin. (1887.)
Schnitzler, Carl, in Port Elisabeth. (1888.)
Schönlank, General-Consul, in Berlin. (1888.)
Schwabach, Regierungsrath, in Cöln. (1891.)
Schwabe, Adolph, Rentier, in Berlin. (1888.)
von Siemens, Werner, Geh. Regierungsrath, in Berlin. (1888.) †
von Siemens, Arnold, Fabrikbesitzer, in Berlin. (1888.)
Simon, James, Fabrikbesitzer, in Berlin. (1887.)
Sprenger, Rudolf, in Berlin. (1889.)
Stein, Leo, in Darmstadt. (1888.)
Steinthal, Director der Deutschen Bank, in Berlin. (1888.)
Stettiner, M., in Berlin. (1888.) †
Stettiner, Richard, in Berlin. (1890.)
Stücken, Eduard, in Hosterwitz bei Dresden. (1889.)
Thies, A., Banquier, in Berlin. (1887.)
Vogel, Ingenieur, in Berlin. (1887.)
Warschauer, Robert, Banquier, in Berlin. (1888.)
Wessendonk, O., Rentier, in Berlin. (1888.)
Wolde, Georg, Banquier, in Bremen. (1889.)

Leipziger Zweigcomité. (1889.)

Ausschuss:

Prof. Dr. Nürnberg,
P. Hasenyth.

Mitglieder:

Dr. Ebers, Georg, Prof., in Wiesbaden.
Dr. Overbeck, Prof. und Geheimrath.
Dr. Ribbeck, Prof. und Geheimrath.
Dr. Schreiber, Theodor, Prof., Director des Städtischen Museums.
Dr. Wachsmuth, Prof. und Geheimrath.

Mitglieder und Stifter:

Dr. Abraham, Max, Musikalienhändler.
Becker, Edmund, Consul und Banquier.
Dr. Credner, Prof. und Ober-Bergrath.
Hasenyth, Paul, Fabrikbesitzer.
Kühne, Ernst, Kaufmann.
Mayer, Fritz, Banquier.
Meissner, Julius F., Commercienrath.
Meyer, Max, Banquier.
Schmidt, Wilhelm, Consul und Banquier.
Vogrstein, Carl, Verlagsbuchhändler.
Dr. Wachsmuth, General-Consul und Director der Allgemeinen Deutschen Credit-Anstalt.

3. STATUTEN DES ORIENT-COMITÉS.

(Festgestellt in der General-Versammlung vom 26. Februar 1888.)

§ 1.

Das Orient-Comité ist begründet, um Alterthümer orientalischer Herkunft in fachmännischer Weise auszugraben resp. zu erwerben und dieselben deutschen Museen zum Selbstkostenpreise zur Verfügung zu stellen.

§ 2.

Mitglieder des Orient-Comités sind die Stifter zum Betriebsfonds (§ 3) und Vertreter der Wissenschaft, die nach Aufforderung des Ausschusses (§ 4) bereit sind, demselben beizutreten.

§ 3.

Die Ausgrabungs- resp. Erwerbungs-Kosten werden bestritten aus den Mitteln eines Betriebsfonds, der dem Comité von den Stiftern zur Verfügung gestellt wird, und der sich aus der Verwerthung der ausgegrabenen resp. sonst erworbenen Objecte womöglich jeweilig wieder ersetzen soll.

§ 4.

Die Geschäfte des Orient-Comités werden besorgt von einem aus höchstens fünf, mindestens drei Mitgliedern bestehenden Ausschuss, der von der General-Versammlung (§ 5) aus den Mitgliedern des Comités auf ein Jahr gewählt wird.

Der Ausschuss ist berechtigt, bis zur nächsten General-Versammlung an Stelle von ausscheidenden Mitgliedern sich solche zu cooptiren.

§ 5.

Alljährlich tritt im Januar eine ordentliche General-Versammlung des Orient-Comités zusammen, in welcher der Ausschuss Bericht über seine Thätigkeit erstattet und um Décharge ersucht.

Ausserordentliche General-Versammlungen zu berufen ist der Ausschuss jederzeit berechtigt, muss dieselben berufen, sobald fünf Mitglieder des Comités es schriftlich verlangen.

Die Einladungen zu den General-Versammlungen sind wenigstens 8 Tage vor dem festgesetzten Termin unter Beifügung der Tagesordnung den Comité-Mitgliedern zuzusenden.

In der General-Versammlung hat jedes Comité-Mitglied eine Stimme. Auswärtige und von Berlin abwesende Mitglieder sind jedoch berechtigt, ihre Stimme durch schriftliche Vollmacht auf andere Comité-Mitglieder zu übertragen. Ergiebt sich bei einer Abstimmung Stimmengleichheit, so gilt der betreffende Antrag für abgelehnt.

§ 6.

Das Orient-Comité ist auf unbestimmte Zeit begründet. Zu Statuten-Änderungen oder zur Auflösung des Comités ist ein Beschluss der General-Versammlung nöthig, in der wenigstens Dreiviertel aller Mitglieder des Comités vertreten sein müssen.

§ 7.

Beiträge zum Betriebsfonds (§ 3) werden vor Auflösung des Comités nicht zurückgezahlt. Über die Beiträge des Betriebsfonds, welche bei einer Auflösung noch vorhanden sein sollten, verfügt die auflösende General-Versammlung.

BEMERKUNGEN ZUR KARTE.

Da Koldewey's in sehr grossem Maassstabe (1:40000) ausgearbeiteter Entwurf sich mit den früher in der näheren Umgebung von Nendjirli durch die DD. v. Luschan und Winter ausgeführten Messungen im Ganzen genau deckt, so beschränken sich die Abweichungen auf wenige gegen die Aussengrenzen der Aufnahme hin gelegene Punkte und einige nur von den beiden Autoren, aber nicht von Koldewey aufgezeichnete Namen, welche nicht mit völliger Sicherheit in das grössere Aufnahmenetz der Koldewey'schen Routen festgelegt werden konnten. So namentlich die Dorflagen Marso und Taschlar im östlichen Theile der Ebene, die Ruine Edell-Kale südwestlich von Islähie, auch die nur von General-Consul Sennönra im Verhältniss zu Entili, aber nicht mit ausreichender Genauigkeit notirte, daher vielleicht einer späteren Berichtigung bedürfende Lage des Dörfchens Topalköi. Eine ebenfalls noch aufzuklärende Differenz betrifft das Bauwerk auf einem Gipfel nördlich der grossen von Nendjirli nach Westen führenden Strasse, welches von dieser aus nur von fern durch Koldewey unter dem Namen Kiratli als angeblicher Ziaret (Heiligthum) erkundet wurde, während v. Luschan, der den Ort selbst besucht und das Bauwerk vermessen hat, für dieses den Namen Karafenk-Kalessi gehört hat. Weiter westlich geht dieselbe Chaussée im Norden einer isolirten Höhe mit Castellruinen vorbei, die nach Koldewey's Visuren in der Karte eingetragen ist, während v. Luschan, der allein dafür den Namen Savranly-Kale erfahren hat, sie selbst erstlegen und in dem Thale, welches sie von der grossen Strasse trennt, den Wasserlauf des sogenannten Kale-Tschai constatirt hat, welchen Koldewey's Entwurf hypothetisch auf die Südseite des Ruinenhügels verlegt: ein Punkt, der wohl noch einer weiteren Untersuchung an Ort und Stelle bedarf.

Die von Koldewey befolgte im allgemeinen der deutschen Schreibweise (mit Ausnahme des französischen dj für das schwerfällige dsch) conforme Transscription der Namen ist beibehalten, da wenigstens die für ein deutsches Ohr schwer zu fassende Scheidung des weicheren und schärferen s-Anlautes ohne die Autorität der uns fehlenden Schreibung durch das arabische Alphabet nicht mit Sicherheit zu erreichen war. Es ist also die bereits allbekannt gewordene Schreibung Sendjirli beibehalten gegenüber der nach Prof. Sachau's Urtheil correcteren Form Zendjirli (z = weiches s). Von türkischen Wörtern ist das einen tиefliegen, meist künstlichen Hügel bezeichnende hujuk, wie Koldewey durchaus gehört haben will, beibehalten gegen die im westlichen Kleinasien übliche weichere Aussprache höjük oder hüjük; ebenso das in drei zusammengesetzten Namen vorkommende göw, welches wohl nur eine ortsübliche, vielleicht auf kurdische Zunge zurückzuführende Entstellung des bekannten türkischen Wortes gög »blau« sein mag.

Höhenbezeichnungen in Ziffern zu geben haben wir unterlassen, da die bei der ersten Bereisung durch Dr. v. Luschan 1883 gemachten Barometerbeobachtungen an mehreren Punkten der von Süden heraufkommenden Hauptstrasse wahrscheinlich noch Modificationen erfahren werden durch die Berechnung der in den letzten Jahren vollständiger geführten meteorologischen Journale.

Das Übersichtskärtchen in kleinerem Maassstabe haben wir hinzugefügt, um dem Leser, dem eine allgemeine hinreichend ausführliche Karte von Syrien nicht zur Hand ist, die relative Lage der monumentenreichen Gegend zu den bekannteren Culturstätten Antiochia, Aleppo, Aintab, Marasch und der Küste des Mittelmeeres anschaulich zu machen.

H. KIEPERT.

Fig. 1. Ansicht des Burghügels, von Norden aus gesehen. April 1888.

EINLEITUNG.

—>+<—

Im ganzen Gebiete des Orontes, im Amk und in der Umgebung desselben, in der Thalebene des Melas und weiter bis zum hohen Tauros bei Marasch, aber auch in den Hochthälern des Tauros selbst und ebenso in der Umgebung von Aintâb und am oberen Euphrat giebt es Hunderte von kleinen Hügeln, die bisher nur zum geringsten Theile in die Karten eingezeichnet und ihren einheimischen Namen nach bekannt sind. Viele Reisende haben sogar ihren künstlichen Ursprung verkannt und sie für natürliche Erhebungen des Bodens gehalten. Dass es Schutthügel sind, genau wie die assyrischen und genau wie Schliemann's Troja und dass sie ebenso wie diese lediglich aus den Trümmern alter Städte und Paläste, Tempel, Dörfer und Villen entstanden sind, ist nur den Wenigsten klar geworden. Auch die bescheidenen Grabungen, die bisher — nur unsicher und mehr oberflächlich tastend — bei Arslan-Tasch,[1] im Tell Rfâd und bei Dscherabis am Euphrat angestellt worden sind, sind kaum geeignet, die wahre Natur dieser Hügel erkennen zu lassen; auch sind diese Ausgrabungen bisher noch nicht genügend bekannt gemacht worden. So ist also die in den folgenden Blättern zu beschreibende Ausgrabung bei Sendschirli als die erste zu betrachten, welche uns über die wirkliche Beschaffenheit und den Inhalt eines nordsyrischen Schutthügels aufklärt.

Diese Hügel, von Türken und Kurden Tepe oder Hüjük, von den Arabern aber Tell genannt, haben eine unregelmässig rundliche Grundform, bis zu 500 m und mehr im Durchmesser und eine Höhe bis zu 90 m; Hügel von 2—300 m Durchmesser und gegen 20 m Höhe bilden die grosse Mehrzahl; sehr viele aber sind auch so klein und besonders so flach, dass sie leicht ganz übersehen werden und durch den Einfluss von Wind und Wetter sowie vor Allem unter dem Pfluge allmählich völlig verschwinden.

Dass einzelne von diesen Hügeln nicht ganz ausschliesslich aus Bauschutt bestehen, sondern einen Kern aus gewachsenem Fels haben, ist von vornherein anzunehmen; sicher bekannt ist dies freilich zunächst und mir wenigstens nur von zweien, der Burg von Aintâb und dem Hügel bei Gerdschin, aus dessen 70 m über die heutige Sumpfebene sich erhebender Kuppe noch eine mehrere Meter hohe Felsklippe emporragt. Aber ebenso, wie

---

[1] Es giebt mehrere Orte dieses Namens (Löwen-Stein), wohl alle nach alten Löwen-Sculpturen so genannt. Der Ordnung wegen bemerke ich, dass die schönen kleinen Reliefs, die unter diesem Namen jetzt in Constantinopel verwahrt werden, von einem Orte A. stammen, der südwestlich von Urfa, südlich von Seruidsch liegt. Dies ist auch der Ort, an dem wiederholt kleine Ausgrabungen stattgefunden haben. Der von Prakor IV, S. 530 und 807 erwähnte Ort A. in der Nähe von Alddaim liegt hoch im Tauros und hat mit unserem Arslan-Tasch gar nichts weiter gemein als den Namen und das Vorhandensein alterthümlicher Sculpturen; dass beide Orte gewöhnlich verwechselt und zusammengeworfen werden, ist kein Wunder, da über beiden noch fast vollständiges Dunkel liegt.

Mittheilungen aus den orient. Sammgl. Heft XI (Sendschirli Heft I).

1

auch heute noch in diesen Gegenden einzelne kleine Dolerit- und Serpentin-Klippen sich
völlig frei aus den weiten, jetzt meist versumpften Ebenen erheben und gegenwärtig
ärmlichen Hirten zum Unterschlupf und Lugaus dienen, so können ähnliche Klippen in
frühester Zeit schon zum Ausgangspunkte primitiver Ausiedelungen geworden sein und sich
durch fortwährende Ankrystallisirung menschlicher Wohnungen zu grossen Burgbergen aus-
gewachsen haben.

Diese Ankrystallisirung um eine natürliche Bodenerhebung oder, was sicher weitaus
häufiger der Fall war, um eine einzelne menschliche Wohnstätte hat sich im vorderen
Oriente unter so völlig anderen Verhältnissen vollzogen, als bei uns und in den mehr
westlichen Mittelmeerländern, dass es geboten scheint, diesem Berichte über Sendschirli
einige allgemeine Worte über die Entstehung und den Aufbau eines orientalischen Schutthügels vorauszusenden.

Im Anfange also war die Ebene; mitten in derselben vielleicht ein Fels, sicher eine
Quelle oder eine Cisterne, ein Paar schattige Bäume, die einzigen auf viele Meilen im Umkreise,
unter denselben einige Zelte, daneben eine Hütte aus Flechtwerk, mit etwas Lehm in den
Wänden und mit Schilf oder Binsen gedeckt. Andere Hütten wachsen allmählich zu, auch
die Bäume wachsen und mehren sich, der Brunnen giebt die Veranlassung zu einem kleinen
Dorfe mitten in Gärten und Feldern. Da entsteht in trockener Sommerdürre ein Brand
und von dem Dorfe ist nichts übrig, als Rauch und Asche und einige kaum bemerkbare
Hügelchen aus Schutt und halb gebranntem Lehm; aber der Brunnen ist geblieben und
die Gärten und neues Schilf blüht aus den Ruinen. Auf den Resten der alten Hütten
entstehen neue, diesmal schon sorgfältiger gebaut, mit massiven Wänden aus geknetetem
Lehm, einzelne auch schon mit einer Art von Fundament aus rohen Klaubsteinen. Diese
Art zu bauen, wird mehr und mehr vervollkommnet; die Fundamente werden allmählich
immer tiefer, die Wände immer dicker hergestellt, richtige, freilich nicht gebrannte, sondern
nur an der Luft getrocknete Ziegel werden immer reichlicher verwandt; mächtige Baum-
stämme bilden jetzt das Dach und auch die rohen Lehmwände werden mit Holz verkleidet.
Umsomehr Nahrung findet die nächste Feuersbrunst und was an Mauern stehen geblieben
ist, verwandeln die nächsten Winterregen zu formlosen Lehmbergen — die Menschen aber,
zäh an ihrer Scholle und an ihrem Brunnen haftend, schaffen sich neue Steine und neue
Ziegel und bauen neue Wohnstätten neben den Trümmern der alten. Generation auf Generation baut hinzu, immer mächtiger und breiter, die Lehmmauern sind zwei und drei Fuss
dick geworden, ihre Fundamente aus mehrere Centner schweren Findlingen
reichen drei und vier Fuss unter die Bodenfläche und mächtige Steinplatten bilden die
Thürschwelle. Aber auch diese Ansiedelung wird, ganz oder zum Theile, ein Raub der
Flammen, eine Beute der endlosen Gewitterregen — um schöner und grösser wieder auf-
erstehen zu können.

Zu diesem rythmisch fortwährendem Kampf mit Feuer und Wasser kömmt bald
aber auch Streit mit neidischen Nachbarn, Kampf mit dem nächsten Dorfe, Krieg mit
feindlichen Horden. Das führt nothwendig zu Befestigungs-Anlagen vielfacher Art, zunächst
zu einer geschlossenen Umwallung mit Mauer und Graben, mit stark befestigten Thoren
und wehrhaften Thürmen. Diesem ersten Mauerringe wird bald ein zweiter folgen, entweder weil der erste, der das ganze Dorf umschloss, sich einmal nicht bewährt hat oder
weil sonst sich das Bedürfniss geltend macht, die Häuser der Reichen, die naturgemäss
mehr in die Mitte der Ansiedelung liegen, besonders zu schützen oder auch weil man
zuerst nur den älteren Kern der Stadt befestigt hat und dann später auch den ausserhalb
wohnenden Mitbürgern den gleichen Schutz hochragender Mauern gewähren will. So kann
einmal der äussere, einmal der innere Mauerring der ältere sein — aber sie reichen alle
beide nicht; der Feind stürmt ein, Brand und Mord verwüstet die Stadt, die Mauern

werden zerstört, die Thore geschleift — und der Aufbau beginnt von neuem, selbst die
beiden Mauerringe werden, vielleicht mit kleinen Verschiebungen, beibehalten, die innere
Mauer trennt jetzt bleibend den älteren und daher höher gelegenen Theil der Stadt von
dem jüngeren und tiefer gelegenen: wir haben jetzt zuerst die strenge Scheidung von Burg
und Unterstadt, von Herren und Knechten. Aber Schaffen und Zerstören hört darum nicht
auf und wenn in der eintönigen Folge von Brennen und Bauen im Laufe der Jahrhunderte
je einmal ein Wechsel eintritt, so ist es der, dass einmal ein Stadttheil länger vom Feuer
verschont bleibt und lange sein ursprüngliches Ansehen erhält, während ein anderer in
kürzeren Pausen zerstört und wieder aufgebaut, rascher in die Höhe wächst und zu einem
neuen modischen Viertel sich entwickelt. Auch das Baumaterial wird nicht mehr immer
ganz von aussen herbeigeschafft; allmählich ist es aussen seltener geworden und musste
aus grösserer Entfernung geholt werden, manchmal verhindern auch feindliche Horden und
unruhige Zeiten den geregelten Transport — da findet sich denn einmal Einer, der den
alten Lehm des zerstörten Nachbarhauses benutzt, um neue Ziegel zu streichen und ein
Anderer, der die alten Fundamente als Steinbruch für den eigenen Bau benutzt. Doch
das sind Ausnahmen, die Regel bleibt noch immer die, dass jeglicher Bauschutt liegen
bleibt und nur zur Noth planirt wird und dass man immer neues Material von aussen
hereinbringt.

Eine andere, wirkliche Neuerung hat sich indess allmählich entwickelt: neben die
häusliche Kleinkunst, welche sicher ja schon den ersten Anfang menschlicher Gesittung
verschönert hat, wie unsere ethnographischen Museen so eindrucksvoll beweisen, tritt jetzt,
unter dem Schutze der Mauern und Thürme, die Sculptur. Zunächst werden die Steinplatten, die an den Thoren und in den Häusern der Vornehmsten den gegen das Ab-
bröckeln der Lehmmauer nothwendigen Belag aus Holzbohlen allmählich verdrängt haben,
und nun die Wände fast bis Brusthöhe bekleiden, mit rohen Relief-Darstellungen geschmückt, mit Darstellungen von Göttern und Helden, Königen und daemonischen Fabelwesen, mit Scenen des Krieges und der Jagd. Riesige Ungeheuer aber, Löwen und Stiere,
manchmal mit Menschenköpfen und mit Flügeln, gräulich anzusehen, werden an die Thore
gesetzt «auf dass das Herz der Feinde erzittere».

Aber es kommen Zeiten, wo auch diese Apotropaia ihre Schuldigkeit verfehlen,
und Jahre der Noth und des Verfalles wechseln mit solchen des Überflusses und des höchsten
künstlerischen Aufschwunges; aus den Zelten und Schilfhütten sind Paläste und Tempel
geworden: der Nachfolger des einsamen Hirten, der Mühe hatte, die Zahl seiner Lämmer zu
merken, wenn es deren über zwanzig wurden, und der stolz war, wenn er in seinen Stab
eine menschliche Fratze oder gar in seine Flöte das Bild einer flüchtigen Gazelle eingeritzt
hatte, ist jetzt ein mächtiger König, der ein weites Land beherrscht, mit Aegypten und
Assyrien Krieg führt und Verträge schliesst, Silber und Edelsteine in seinen Schatzkammern
aufspeichert, fremde und einheimische Künstler und Musikanten um sich hat und durch
eigene Schreiber den Ruhm seiner Thaten oder die Frömmigkeit seines Gemüthes auf
steinernen Denksäulen der Nachwelt überliefern lässt — aber immer wird auf dem alten
Schutte weitergebaut, bis endlich eine neue Katastrophe eintritt, gewaltiger als alle früheren,
der jetzt die sinkende Lebenskraft der Stadt nicht mehr Stand hält. Dann stirbt sie und
wird ein kalter Schuttkegel; aber nicht alle alten Städte sind so gestorben; manche leben
noch heute; Aleppo, Marasch, Aintâb, Diarbekir, Homs und viele andere jetzt noch blühende
Städte Syriens haben als Burg und Kern einen riesigen Tell und für die vielen alten Hügel,
die heute noch ein ganzes Dorf mit Moscheen, Heiligengräbern und Friedhöfen, mit Hun-
derten von Häusern und Tausenden von Bewohnern auf ihren breiten Rücken tragen, sei
hier nur Tell Nebi Mind als klassischer Vertreter aufgeführt, das alte Kadesch, mit einer
ununterbrochenen Bauthätigkeit von mehr als vier Jahrtausenden.

1*

Die Untersuchung auch solcher jetzt noch lebender Zeugen der ältesten menschlichen Cultur wird eine schöne Aufgabe der Zukunft bleiben; zunächst erschien es besser (jedenfalls einfacher, rascher und billiger), einen der schon lange abgestorbenen Schutthügel zu untersuchen; es liegt ja nahe, dass je früher nach einer rasch und plötzlich erreichten Blüthezeit ein völliges Absterben erfolgt war, um so günstiger auch die Aussichten sein müssen, in verhältnissmässig geringer Tiefe auf gut erhaltene Reste der alten Cultur zu stossen. Je länger nachher der Platz noch bewohnt war, desto mächtiger sind nicht nur die verhältnissmässig undankbaren Schuttmassen, durch welche man sich bis zu den allein wichtigen alten Schichten hindurcharbeiten muss, sondern desto grösser ist auch die Gefahr, schliesslich erkennen zu müssen, wie die alten Thore und Palläste, die man mit so viel Aufwand an Zeit und Mühe, Sorge und Arbeit gesucht hat, einfach nicht mehr vorhanden sind, sondern als Steinbruch für spätere Bauwerk aus griechischer oder gar byzantinischer Zeit gedient haben. Und von der Arbeit, die nöthig ist, um sich durch den Schutt einer alt-orientalischen Stadt hindurchzugraben, macht sich Niemand eine richtige Vorstellung, der sich nicht selbst an derselben versucht hat, vor allen auch Niemand, der etwa nur mit späten griechischen und römischen Ausgrabungen Bescheid weiss. Bei diesen handelt es sich in letzter Linie ja doch meist um feste und schwer veränderliche Elemente, den gebrannten Ziegel und den behauenen Werkstein, die, wenn auch wieder und wieder in neue Bauten eingefügt, immer doch ihre bezeichnende Form behalten und ihren Ursprung nicht verleugnen. Diese Elemente aber treten im alten Oriente völlig zurück — ja sie fehlen gänzlich, wenn wir von den spärlichen Orthostaten und Läufern, einzelnen Säulen-Basen, sowie etlichen Pilastersteinen absehen, die der Zahl und Masse nach ganz verschwinden; ihre Stelle aber wird von formlosen Findlingen und von dem ungebrannten Ziegel eingenommen, der im Gegensatz zu den festen und dauerhaften Materialien der späteren westlichen Baukunst ein höchst labiles Element ist. Freistehende Lehmmauern von 6 m Dicke und 10 m Höhe können in einigen Jahrtausenden so völlig verschwinden, dass allein nur mehr das steinerne Fundament von dem früheren Bestande derselben Zeugniss ablegt, und auch da, wo Lehmziegelmauern durch den Schutt ihrer Nachbarn vor völliger Zerstörung geschützt waren, bedarf es besonderer Erfahrung und Aufmerksamkeit, um sie noch als solche zu erkennen. Aber auch die aus Stein erbauten Fundamente, und wenn sie 6 m dick und 5 m tief, also eigentlich Gegenstände sind, von denen man glauben könnte, dass es schwer sei, sie zu übersehen, sind oft genug von diesem Schicksale ereilt worden; wir wissen, wie sogar halbe Palläste demolirt werden konnten, ohne dass man nur ihr Vorhandensein ahnte, und nicht alle Leute sind so aufrichtig und wahrheitsliebend wie Schliemann, der einen ähnlichen Irrthum wenigstens offen zugegeben hat und nachher in glänzender Weise gut zu machen bestrebt war. Aber eine vorderasiatische Fundament-Mauer ist in der That eine bedenkliche Sache; aus grossen und kleinen, völlig unregelmässig geformten Steinen aufgebaut, ist sie, wo immer man auch zuerst auf sie stösst, stets gleich schwer als Artefact zu erkennen; die Arbeiter brechen einen Stein nach dem anderen aus, und die Mauer ist schon verschwunden, während man sich noch wundert, woher denn eigentlich mitten im Lehm die vielen Bachkiesel und Flussgeschiebe kommen. So wird auch eine Mauer, die mit sehr geschulten Arbeitern freigelegt ist, wenn die Leute nicht fortwährend von einem Fachmanne beaufsichtigt werden, schliesslich im besten Falle nur mit einem Nervenpraeparate eines stümperhaften Carabin's zu vergleichen sein. Wie sehr wir bemüht waren, ein solches Resultat zu vermeiden, bedarf es besonderer Besichtigung der ausgegrabenen Ruinen und auch aus den Grundrissen und Architektur-Aufnahmen R. Koldewey's entnehmen können, welche einen Hauptschmuck dieser Veröffentlichung bilden werden und in denen Niemand das eifrige Bestreben verkennen wird, die gemachten Funde mit gewissenhafter Sorgfalt und Unabhängigkeit so darzulegen, dass durch sie jedem ein selbständiges Urtheil über die thatsächlichen Verhältnisse ermöglicht wird.

Aber auch für den erfahrenen Fachmann, der keine Mauern mehr demolirt, ohne es zu ahnen, und der auch kein zufälliges Häufchen Steine für eine wichtige Mauer hält, liegt in den erstaunlich dicken Lehmziegelmauern der vorderasiatischen Bauart ein peinlicher Hemmschuh jeder Erkenntniss. Schon im Alterthume war diese Eigenart asiatischer Baukunst bemerkt und empfunden worden. Alexander d. Gr. wollte kurz vor seinem frühen Tode den sogenannten Baals-Tempel in Babylon, den Xerxes 479 v. Chr. zerstört hatte, wieder aufbauen lassen und befahl zunächst die Wegräumung des Schuttes; aber αὐτὴ γὰρ ἡ χοῦς τῆς ἀνακαθάρσιν μυρίοις ἀνδράσι δυεῖν μηνῶν ἔργον ἦν, wie uns Strabo (738 C.) erzählt: schon die Abräumung des Schuttes war ein Werk zweier Monate für 10000 Menschen; und noch wichtiger wird diese Überlieferung Strabo's, wenn wir mit ihr eine Angabe aus Arrian (Anabasis VII, 17) zusammenhalten, der uns sagt, dass dieses Werk der Abräumung während Alexander's Abwesenheit von Babylon nur lässig betrieben worden war, und dass dieser nach seiner Rückkehr die Arbeit mit seinem ganzen Heere zur Ausführung zu bringen gedachte. So war also eine Arbeit von 600000 Tagewerken an den Schutt eines einzigen Gebäudes verwendet worden und diese Arbeit war so unvollständig geblieben, dass Alexander sie mit seinem ganzen Heere eben fortsetzen wollte, als ihn der Tod überraschte; auch erwähnt seither kein Reisender, dass er von dieser gewaltigen Erdbewegung eine Spur wahrgenommen hätte — so wenig vermochten 600000 Tagewerke an dem Lehmziegelschutte eines einzigen Tempels zu ändern.

Bedenkt man, wie schon bei gewöhnlichen Wohnhäusern dieser Bauart die Grundfläche der Mauern etwa ein Viertel, bei Palästen und Tempeln aber fast ein Drittel und bei manchen Thoranlagen sogar mehr als die Hälfte der bebauten Fläche einnimmt, dass also, anders ausgedrückt, ein nur zehn Meter hohes Bauwerk nach seiner Zerstörung einen zweieinhalb bis fünf Meter hohen Schutthaufen von gleichgrossem Grundriss geben wird, so begreift man zwar, wie eine solche Stadt nach fünf oder sechs Bauperioden schon einen zehn bis dreissig Meter hohen Hügel bilden wird, aber man begreift auch, wie peinlich langsam die Arbeit des wissenschaftlichen Ausgräbers vordringen muss, wie wenig ergiebig sie an Kleinfunden wird, im Verhältniss zu der bewegten Erdmasse und wie oft Wochen, ja Monate vergehen können, bevor ein Fund von Bedeutung die verwandte Arbeit als eine nicht verlorene erkennen lässt.

So empfahl sich für eine erste Untersuchung ein Hügel wie der bei dem heutigen Kurdendorfe Sendschirli schon desshalb, weil der alte Ort, der den Hügel gebildet, allem Anscheine nach schon in sehr früher Zeit, wie wir jetzt annehmen, schon im 6. vorchristlichen Jahrhundert so gründlich zerstört worden, dass er sich nie mehr erholt hat. Was an Resten späterer Zeit da zum Vorschein gekommen ist, deutet auf flüchtigen Besuch einzelner Reisender, vielleicht auf vorübergehende Besiedelung durch armselige Hirten, nicht auf dauernde Niederlassung gesitteter Menschen.

Thatsächlich war es auch nicht allzuschwierig, die Baugeschichte von Sendschirli zu erheben; sie in allen Einzelheiten mitzutheilen, wird eine der Hauptaufgaben dieses Buches sein; bildet sie doch zugleich mit den übrigen Resultaten unserer Ausgrabung den ersten Schritt zur Erkenntniss der uns bisher völlig verschlossen gewesenen ältesten Culturgeschichte Syriens.

Für die Zwecke dieser Einleitung aber genügt es, nachdem wir eben im Allgemeinen die Baugeschichte einer altsyrischen Stadt angedeutet haben, noch einige orientirende Worte über die Ausgrabungsgeschichte, speciell von Sendschirli, beizufügen. Ausführlichere Berichte werden ja jedenfalls im Laufe dieser Mittheilungen gegeben werden, ebenso an anderer Stelle Berichte über die gegenwärtigen Verhältnisse der Gegend, über ärztliche Erfahrungen und klimatische Erscheinungen, schliesslich auch allgemeine statistische Daten, welche alles Wichtige zusammenfassen werden, was nicht nur für die vorliegende Ausgrabung, sondern

auch vor allem zur Erleichterung künftiger ähnlicher Arbeiten in der Nachbarschaft wissens-
werth ist. Inzwischen aber genügt es, hier zu erwähnen, dass Sendschirli[1] heute ein
unscheinbares Kurdendorf ist, nahe dem Ostfusse des nördlichen Amanus (Giaur-Dagh),
in der grossen Ebene zwischen diesem und dem Kurd-Dagh, etwa unter 37° 6' n. Br. und
36° 41' östl. L. v. Gr. und gegen 530 m über der See gelegen. Der Ort ist schon 1865
von dem Botaniker HAUSSKNECHT besucht und später in sein Kartenwerk aufgenommen worden, als Ruinenstätte aber erscheint er in den KIEPERT'schen Special-Karten erst seit 1883,
nachdem PUCHSTEIN und ich denselben besucht hatten. Wir beide waren am 18. Mai 1883
von Saktsche-göaü aus dahin gekommen als Mitglieder einer von C. HUMANN geleiteten
Expedition, welche die nähere Untersuchung der im Vorjahre von PUCHSTEIN entdeckten
Kommagenischen Königsgräber zur Aufgabe hatte. Wir beide konnten uns damals nur
wenige Stunden bei dem Hügel aufhalten und auch unsere Hoffnung in den nächsten
Tagen wieder dahin zurückkehren zu können, blieb unerfüllt. Aber wir hatten eine Reihe
von alterthümlichen Reliefs noch in situ vorgefunden,[2] welche zum Theil seit langer Zeit,
vielleicht seit Jahrhunderten durch einen Wasserriss freigelegt, zum Theil erst wenige Tage
vor unserer Anwesenheit durch HAMDY BEY ans Licht gebracht waren, welcher gleichfalls
auf der Reise nach Kommagene begriffen, in Islahije auf diese Alterthümer aufmerksam
gemacht worden war, während uns ein armenischer Müller in Saktsche-göaü von denselben erzählt hatte. Konnten wir aber damals die wichtige Entdeckung nicht weiter verfolgen, so ist es doch seither unser sehnlichster Wunsch gewesen, den Schleier, der damals
noch über den syrischen tumulis lag, gerade an dieser einen, ganz besonders verlockenden
Stelle lüften zu können.

Volle fünf Jahre blieb diesem Wunsche die Erfüllung versagt; erst 1888, nachdem
Prof. v. KAUFMANN für die Idee gewonnen und das Orient-Comité gegründet war, konnten
die Arbeiten endlich in Angriff genommen und späterhin in zwei weiteren Campagnen fortgesetzt werden.

Unter Leitung von C. HUMANN und Mitwirkung von F. WINTER und mir, sowie mit
einem Commissär der Kaiserlich Türkischen Regierung und mit neun griechischen Aufsehern
und Handwerksmeistern begann die erste Grabung am 9. April 1888 und wurde, abwechselnd von C. HUMANN und von mir geleitet, mit durchschnittlich 80 Arbeitern täglich bis 22. Juli desselben Jahres fortgeführt. Die Freilegung des grossen Burgthores mit
40 Relief-Darstellungen, der Nachweis eines gleichfalls mit alterthümlichen Reliefs geschmückten Aussenthores, der Fund einer grossen assyrischen Stele Asarhaddon's und ein
zufällig in der unmittelbaren Nähe des Hügels aufgefundenes Stück einer grossen Statue
mit einer altsemitischen Inschrift waren die wichtigsten Resultate dieses ersten Feldzuges.
Unerwartet ungünstige klimatische Verhältnisse, völlig ungenügende Ausrüstung mit Werk-
zeug[3] und die lebensgefährliche Erkrankung fast aller Mitarbeiter an perniciösem Wechsel-
fieber hatten die Arbeit nicht wenig erschwert und ihre Erfolge wesentlich beeinträchtigt:

---

[1] «Kettenort» nach der jetzt gebräuchlichen Schreibweise رنجيرلى von سنجير = Kette. Dr. MORITZ macht
mich aber darauf aufmerksam, dass es auch ein Wort سنجاق sendschik = Burg gegeben hat. Ist dieses Wort
auch gegenwärtig nicht mehr gebräuchlich, so scheint es doch höchst wahrscheinlich, dass die jetzt übliche Schreibweise mit ى nur auf Volksetymologie beruht und dass der Name früher mit ق gesprochen wurde. Er entspricht
in seiner Bedeutung dann völlig dem kleinasiatischen Hissarlyk, das bekanntlich ja auch mit Burgort zu übersetzen ist.

[2] Siehe HUMANN und PUCHSTEIN, Reisen in Kleinasien und Nordsyrien, Berlin, D. Reimer 1890, S. 380 ff.
Taf. XLIV und XLV.

[3] Für diese bin ich ganz allein verantwortlich, was ich auch an dieser Stelle zu erklären nicht unterlassen darf. Ich hatte nämlich bei meinem ersten Besuche im Jahre 1883 in der sicheren Voraussetzung schon
in den nächsten Tagen wieder dahin zurückkehren zu können, leider unterlassen, den Hügel zu vermessen und
hatte später seine Grösse um ein Vielfaches unterschätzt.

so blieb auch die gesammte Erdbewegung in den 15 Arbeitswochen auf rund 10000 cm und damit auf den 60. Theil der ganzen Schuttmasse des Hügels beschränkt.

Wesentlich günstiger gestalteten sich alle Verhältnisse in den beiden folgenden Campagnen. Zwar war C. Humann durch andere Arbeiten an der Rückkehr nach Sendschirli verhindert, so dass die Leitung des Unternehmens nunmehr ganz in meine Hände überging, auch F. Winter war leider anderweitig in Anspruch genommen; doch war es gelungen, der Ausgrabung die Mitwirkung von R. Koldewey zu sichern, welche für die gedeihliche Fortführung des Begonnenen von unschätzbarem Werthe geworden ist. Ebenso erfreuten wir uns der zeitweisen Mitarbeit von Prof. J. Euting aus Strassburg und der meiner Frau, welche Freud und Leid einer ganzen Winter-Campagne mit uns getheilt und während derselben, neben vielen anderen Arbeiten, auch die photographische Plage auf sich genommen hat. Auch einem begeisterten und opferfreudigen Volontär, Hrn. Stucken, sind wir zu Dank verpflichtet und nicht am wenigsten unserem lieben Freunde, dem Tscherkessen Hassan Bey aus Angorah, dessen treue und aufopfernde Mitarbeit nicht genug hervorgehoben werden kann und wesentlich zum Gelingen unseres Werkes beigetragen hat.

Die Arbeiten der zweiten Campagne begannen am 27. Jänner und schlossen am 14. Juni 1890, die der dritten liefen vom 9. October 1890 bis zum 17. März 1891, so dass diese beiden, welche nur formell durch die nöthige Sommerpause getrennt, innerlich aber zusammenhängend waren, eine Arbeitszeit von vollen 43 Wochen ergaben. Zwar konnte diese Zeit weil der Winter 1890 auf 91 ganz ungewöhnlich streng und schneereich war, hauptsächlich aber in Folge einer in unserer und den Nachbar-Provinzen herrschenden Cholera-Epidemie und besonders wegen der verkehrten Quarantäne-Maassregeln der Behörden nicht immer voll ausgenützt werden, da wir lange empfindlichen Arbeitermangel hatten, aber die Summe der Erdbewegung erreichte (mit durchschnittlich nur 114 Arbeitern täglich) doch fast die Hälfte der gesammten Masse des Hügels, ein Resultat, das vorzüglich der Verwendung schmalspuriger Eisenbahnen zu danken ist, auf denen der Schutt rasch und leicht entfernt werden konnte. Ganz besonders nützlich erwies sich aber auch die Verlegung der Hauptarbeitszeit aus dem heissen und mit seinen perniciösen Fiebern beinahe tödtlich wirkenden Sommer in die zwar rauhen und feuchten, aber doch weniger ungesunden Winter- und Frühlingsmonate.

Gleich im Beginne der zweiten Campagne, im Februar 1890 glückte durch eine günstige Verkettung von Umständen auch in der nächsten Nähe von Sendschirli, in Gerdschin, die Erwerbung von vier alterthümlichen Statuen, darunter abermals einer mit einer altsemitischen Inschrift. In Sendschirli selbst wurde der ungewöhnlich trockene Winter zunächst dazu benutzt, in der sonst auch im Sommer völlig versumpften Ebene den Zug einer doppelten Ringmauer um eine grosse Unterstadt freizulegen. Jede dieser fast völlig kreisförmigen Mauern[1] von über zwei Kilometer Umfang hat Hundert Thürme und drei Thore, von denen die nach Süden gewendeten besonders nützlich gegliedert sind. Dem Süd-Thore der inneren dieser beiden Ringmauern gehören auch die schon 1888 von C. Humann ent-

---

[1] Kreisförmige Grundrisse von Städten sind bisher schon mehrfach bekannt geworden. Auf dem ägyptischen Relief von Ipsambul (Lepsius, Denkm. III. 164) erscheint Kadesch völlig rund und auch auf assyrischen Reliefs bilden die Umfassungsmauern der Städte manchmal einen richtigen Kreis. Zweifellos wird man in Syrien noch sehr viele alte Orte kreisrunder Begrenzung finden, ohne deshalb immer, wie das für Hatra geschehen ist (siehe Kiepert, Alte Geogr. c. 140) an Sonnencultus denken zu müssen; man wird im Gegentheil nur den einfachen logischen Zusammenhang zwischen Terrain und Grundriss beachten müssen, um für Städte, die in der Ebene angelegt werden, Vierreck, Rechteck und Kreis als die nächst liegenden und von selbst gegebenen Formen des Grundrisses zu erkennen. Die letztere bietet u. a. den werthvollen Vortheil, die grösste Fläche durch die kürzeste Mauer schützen zu können; auch technisch konnte die Anlage einer kreisrunden Mauer keinerlei Schwierigkeiten bieten. Die hierzu nöthigen Kenntnisse und Hülfsmittel sind sehr gering und bleiben noch weit hinter den Angaben des Papyrus Rhind zurück, welcher uns den Stand der ägyptischen Geometrie im dritten vorchristlichen Jahrtausend übermittelt.

deckten alterthümlichen Reliefs an, die wir damals als Reliefs des »Aussenthores« bezeichneten.

Ebenso gelang es jetzt bald, auch die Burgmauer mit ihren halbrund vorspringenden
Thürmen zu fassen und ihren Zusammenhang mit dem grossen 1888 freigelegten Thorbau
nachzuweisen. Diese Mauer ist nicht kreisrund, wie die beiden Stadtmauern, sondern —
sicher weil sie sich theilweise an früher vorhandene Bauwerke anzulehnen hatte — unregelmässig eiförmig und in ihrem südlichen Theile durch eine zweite »innere« Burgmauer
verstärkt. Diese hat abwechselnd viereckig und halbrund vorspringende Thürme und ein
starkes Doppelthor, das mit riesigen Löwen geschmückt war. Auch eine dritte Burgmauer
ist gegen Ende der letzten Campagne gefunden, wenn auch einstweilen noch nicht weiter
verfolgt worden, so dass der höchste und älteste Theil der Stadt von einem fünffachen
Mauergürtel umgeben erscheint.

Im Inneren der Burg sind bisher zwei grosse Paläste gefunden und untersucht
worden, einer im Nordosten, der andere im Westen, ferner fast genau unter dem Nordost-
Palast ein älterer Bau mit besonders dicken Mauern und zwei sehr grossen Thürmen, weiter
eine grosse Anlage, wohl eine Kaserne, mit dreizehn fächerartig angeordneten Räumen und
eine Reihe von kleineren Bauwerken. Von all diesen Anlagen ist einstweilen nur eine
einzige sicher datirt, der West-Palast, der im achten vorchristlichen Jahrhundert erbaut
ist; der Nordost-Palast ist jünger, der Bau mit den beiden Thürmen wesentlich älter,
ebenso die Burg- und Stadtthore sowie die sämmtlichen Umfassungsmauern.

Diese letzteren zeitlich unterzubringen, wird im Laufe dieser Berichte versucht werden.
Wenn unmittelbar nach der Campagne von 1888 die Meinungen über das Alter der Thor-
sculpturen von Sendschirli so weit auseinander gingen, dass von den zwei zunächst berufenen
Fachleuten der eine sie in das neunte vorchristliche Jahrhundert versetzte, der andere aber
um ein halbes Jahrtausend zurückging und sie in die mykenische Zeit verlegen wollte, so
liegen heute die Verhältnisse wesentlich klarer: Damals war in der langen Reihe der frühen
syrisch-kappadokischen Denkmäler kein einziges bekannt, dessen wirkliches Alter auch nur
einigermaassen genau bestimmbar gewesen wäre — jetzt aber kennen wir eine grosse Zahl
von Reliefs aus dem West-Palaste von Sendschirli, welcher der Zeit des dritten Tiglatpilesar angehört und mit diesem Einem Datum ist für die ganze Kunstgeschichte Nordsyriens zum ersten Male ein fester Pol in der Erscheinungen Flucht gewonnen, ein fester
Pol, von dem aus es auch möglich wird, die Baugeschichte von Sendschirli nach vorwärts
und nach rückwärts zu verfolgen.

Aber noch klafft eine grosse Lücke in unserer Kenntniss von Sendschirli. Die Thor-
sculpturen entsprechen völlig den ältesten und primitivsten bisher bekannten Leistungen
der syrisch-kappadokischen Kunst; sie entsprechen völlig auch jener merkwürdigen und
bisher noch nicht entzifferten Hieroglyphen-Schrift, die so oft in Syrien und Kleinasien
mit Denkmälern gerade dieser Gattung zusammen vorkommt — mit den Sculpturen des
West-Palastes aber treten plötzlich aramäische Inschriften auf und ebenso gross, als diese
Kluft zwischen der unbehülflichen rohen Zeichenschrift und den völlig fertig entwickelten
Buchstaben, so gross erscheint auch die Kluft, welche die vorgeschrittene Kunst des
achten vorchristlichen Jahrhunderts von dem urwüchsigen Stile der früheren Zeit trennt.
Doch ein einziger Blick auf den Plan der bisherigen Ausgrabungen giebt uns sofort auch
die Erklärung dieser in sich so unvermittelten Gegensätze:

Noch sind auf dem Hügel von Sendschirli zwei grosse Flächen völlig unberührt
geblieben, die einem Central- und einem Nord-Palaste entsprechen müssen; in einem dieser
beiden Bauwerke kann die Brücke liegen zwischen der alten und der neuen syrischen Kunst,
kann auch die Brücke liegen zwischen Hieroglyphen und Buchstaben. Vergebens hat man
bisher nach dem wirklichen Ursprunge unseres Alphabets geforscht, vergebens die Ent-

stehung der ältesten semitischen Buchstaben zu ergründen versucht. In den syrischen Tell's muss dieses Räthsel zur Lösung gelangen und in Sendschirli trennen uns vielleicht nur wenige Spatenstiche von der Aufhellung eines der dunkelsten und zugleich wichtigsten Probleme der Culturgeschichte.

An Kleinfunden sind bisher gegen dreitausend Nummern verzeichnet worden; 1888 ist F. Winter so gütig gewesen, das Fund-Journal zu führen, 1890 und 1891 war dies meine Aufgabe geworden. Alle irgendwie bemerkenswerthen Stücke werden gruppenweise zur Besprechung gelangen, über das Material der gefundenen Steinwerkzeuge wird Prof. Arzruni zu berichten die Güte haben, über eine grosse Reihe von ihm ausgeführter Metall-Analysen Herr Prof. Weeren und über die pflanzlichen Überreste Herr Geh.-Rath Wittmack.

Die eigentlichen Ausgrabungsberichte werden für 1888 von C. Humann, für die späteren Campagnen von mir geliefert werden, während alles auf Architektur Bezügliche von R. Koldewey behandelt wird. Die Reliefs des äusseren Burgthores und des südlichen Stadtthores wird F. Winter beschreiben, der dieselben schon an Ort und Stelle sehr eingehend studirt hat. Die altsemitischen Inschriften werden E. Sachau und J. Euting mittheilen, die assyrische Inschrift endlich auf der Stele Asarhaddon's hat E. Schrader zu bearbeiten die Güte gehabt; alle anderen Funde werde ich selbst behandeln.

Da äussere Verhältnisse zu einer Veröffentlichung in einzelnen Heften gezwungen haben und weil diese in vielleicht recht langen Zwischenräumen erscheinen werden, so ist es zweckmässig erschienen, zunächst die mit Inschriften versehenen Denkmäler herauszugeben, einerseits weil diese völlig unabhängig von allen sonstigen Funden behandelt werden können, und andererseits um die Texte möglichst rasch allgemein zugänglich zu machen. Die übrigen Abschnitte sollen ungefähr in der folgenden Reihenfolge veröffentlicht werden:

Ausgrabungsbericht 1888.
Ausgrabungsbericht 1890—92.
Architektur.
Reliefs vom Stadtthore.
Reliefs vom äusseren Burgthore.
Sculpturen des inneren Burgthores.
Sculpturen des West-Palastes.
Bronzen.
Geräthe aus Eisen.
Geräthe aus Knochen, Horn, Elfenbein.
Thongefässe.
Idole, Puppen, Thierfiguren.
Geräthe aus Stein.
Gewichte.
Siegel.
Statistische Daten.

Da die grossen Architektur-Aufnahmen erst später zur Veröffentlichung gelangen, ist zur vorläufigen Orientirung schon hier (Fig. 2) ein kleiner Grundriss von Sendschirli im beiläufigen Maassstab von 1:600 mitgetheilt, der gleichfalls R. Koldewey zu verdanken ist. Mit A, B, C sind die drei Thore der Stadtmauer bezeichnet, mit D das äussere, mit E das innere Burgthor; F ist der Bau mit der Fächermauer, an seinem Nordende sieht man ein kleines Stück der innersten Burgbefestigung mit einem Thurme; G ist der Bau, den wir als Nordost-Palast bezeichnen, H der bisher untersuchte Theil des der Zeit des dritten Tiglatpilesar angehörigen West-Palastes. Die schwarz gezeichneten Mauern sind ausgegraben und vermessen; was zur Erleichterung des Verständnisses ergänzt wurde, ist schraffirt gezeichnet, an einer Stelle auch, weil unsicher, mit einem Fragezeichen versehen.

Besonderer Dank gebührt Professor KIEPERT für die Karte, die er zu unserem Berichte beigetragen hat. Dieselbe beruht auf einer Combination der 1890/91 in sehr grossem Maass-stabe (1 : 40000) sorgfältig gezeichneten Routen R. KOLDEWEY's mit einer nur in einzelnen Details reicheren, sonst völlig übereinstimmenden Aufnahme der näheren Umgebung von Sendschirli (das Gebiet zwischen dem Kurd-Dagh und dem Giaur-Dagh von Oerdek-Burnu bis Kasau-Ali umfassend), welche F. WINTER und ich selbst 1888 auf Grund einer zu 2950 m mit der Kette vermessenen Basis ausgeführt haben. Einzelne, besonders auf eine Anzahl übersehener Namen sich beschränkende Beifügungen aus anderen Quellen sind in der Re-daction der stark verkleinerten Kartenzeichnung durch H. KIEPERT ausdrücklich als solche bezeichnet worden.

Die im Folgenden angewandte Umschreibung alter und moderner orientalischer Namen macht keinen Anspruch auf wissenschaftlich philologische Genauigkeit, sondern versucht nur dem nicht orientalistischen Leser eine möglichst wenig falsche Aussprache solcher Namen zu vermitteln. Im Besonderen sei noch bemerkt, dass der Name Sendschirli genau nach der einheimischen Aussprache geschrieben ist; nur E. SACHAU hat in Capitel IV, die unter den Orientalisten übliche Schreibweise anwendend, sich für Zendjirli entschieden. Für die Wiedergabe einzelner bekannter orientalischer Namen wie Aleppo u. dergl. ist die hier landes-übliche Schreibung beibehalten worden.

Es erübrigt nun noch die Bitte an den Leser, diese Einleitung als eine völlig ad interim gegebene zu betrachten, welche durch die Art der Publication in Heften und durch den unfertigen Zustand der Ausgrabung bedingt ist und nur zur vorläufigen Orientirung dienen soll. An Stelle einer wissenschaftlichen Einleitung wird also seiner Zeit ein Schluss-wort zu treten haben.

FELIX VON LUSCHAN.

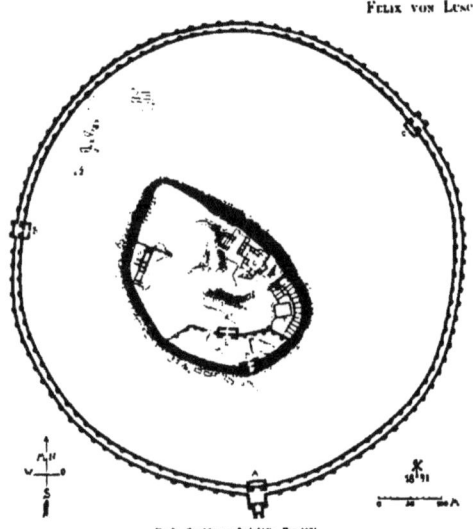

Fig. 3.   Grundriss von Sendschirli.   Blatt 1 : 2?1

BURGTHOR
Nach Freilegung des Pflasters und der
Wandbekleidung
ANSICHT von N.O.

Fig. 3. Kriegsmässiger Grundriss und perspectivische Ansicht des Burgthores

I.

MONOLITH DES ASARHADDON.

In dem kleinen Hofe des äusseren Burgthores von Sendschirli, mitten zwischen den rohen Reliefs syrisch kappadokischen Stiles, welche in einem der nächsten Capitel ausführlich beschrieben werden sollen und für die einstweilen auf die obenstehende Fig. 3 und auf die Tafeln XLIV und XLV bei Puchstein[1] verwiesen werden darf, aus denen allein schon hervorgeht, dass es sich um Zeugen beinahe der allerfrühesten Entwickelung syrischer Kunst handelt, — mitten also zwischen Sculpturen, die zeitlich und stilistisch ohne jeden Zusammenhang mit der Kunst der Sargoniden stehen, ist der gewaltige Monolith *Asarhaddon's* gefunden worden, der auf den Tafeln I, II und III abgebildet ist und hier beschrieben werden soll.

In der Natur der Sache würde es ja freilich besser begründet sein, dieses dem Alter nach jüngste unter den grösseren Monumenten, die Sendschirli uns bisher geliefert hat, auch erst am Schlusse dieses Berichtes zu behandeln und diesen lieber mit den ältesten Denkmälern zu beginnen; wie aber bereits in der Einleitung angedeutet, haben äussere Gründe es wünschenswerth erscheinen lassen, von einer solchen Anordnung abzusehen und zunächst einige mit Inschriften versehene Bildwerke zu veröffentlichen, welche mit der älteren Geschichte von Sendschirli in keinem Zusammenhange stehen und nur die späteren Schicksale dieser Stadt und ihrer Umgebung beleuchten. Hierfür ist in erster Linie der Wunsch maassgebend gewesen, die Inschriften rascher einem grösseren Kreise von Gelehrten zugänglich zu machen, als dies sonst möglich gewesen wäre. Aus diesem Grunde darf ich wohl auch annehmen, dass man dieses Abweichen von einer Anordnung entschuldigen wird, die sonst als die allein richtige auch von mir erkannt worden ist und zweifellos innegehalten worden wäre.

Neben dem assyrischen Monolithen befinden sich unter diesen Bildwerken besonders noch zwei Statuen einheimischer Kunst mit altaramäischen Inschriften, die im unmittelbaren Anschluss an jenen zur Veröffentlichung kommen werden — der Vortritt aber soll der Stele Asarhaddon's gewährt sein.

Grösse, Reichthum an Bildwerk und Länge der Inschrift zusammen mit der Härte des Materials und der fast durchweg vorzüglichen Erhaltung weisen unserem Denkmale,

---

[1] A. a. O. nach meinen Aufnahmen von 1883.

das seither in den Besitz der Berliner Königlichen Museen übergegangen ist, weitaus und ohne Frage die erste Stelle an unter allen bisher bekannt gewordenen Stelen assyrischer Könige. Solche durch das königliche Bild und den Schmuck mit symbolischen Emblemen bemerkenswerthe Stelen sind in Assyrien mindestens zwei Jahrhunderte hindurch und wohl auch schon vor *Assurnasirpal* üblich und zweifellos auch gar nicht selten gewesen; zahlreich sind die assyrischen Texte, welche die Aufstellung eines solchen Denkmales vermelden und SACHAU[1] hat erst vor Kurzem wieder die Aufmerksamkeit auf einen Monolith gelenkt, der von Salmanassar II. in nächster Nähe von Sendschirli aufgestellt worden ist. Auch kennen wir zahlreiche alte Abbildungen solcher Stelen auf Siegel-Cylindern und Reliefs, aber in greifbarer Wirklichkeit waren bisher nur vier grosse assyrische Königsstelen auf uns gekommen, als älteste die von *Assurnasirpal* (884—860 v. Chr.), dann die seines Sohnes *Salmanassar* (860—826) und die seines Enkels *Samši-Ramman* (825—813) alle drei jetzt im Britischen Museum und als die jüngste die in Cypern gefundene jetzt in Berlin befindliche Stele *Sargon's* (722—705). Auch muss schon hier an die Stelen-förmigen Felsenreliefs erinnert werden, welche wir beim Nahr-el Kelb und bei Bavian kennen. Mit diesen ist aber der Kreis der bisher gefundenen Denkmäler dieser Gattung auch völlig erschöpft.

Zu dieser kleinen Zahl ist nun aus Sendschirli ein neuer und überaus prächtiger Monolith hinzugekommen. Über Ort und Zeit seiner Aufstellung sind wir genau unterrichtet; die letztere erhellt schon aus jenem kleinen Theile der Inschrift, der bereits 1889 in dem amtlichen »Verzeichniss der vorderasiatischen Alterthümer« veröffentlicht ist und von der Eroberung und Zerstörung von Memphis handelt.[2] Asarhaddon (681—668 v. Chr.) ist dreimal nach Aegypten gezogen; da er aber während des dritten Feldzuges starb und im Laufe des ersten Memphis nicht eingenommen hat, kann unser Monolith nur nach dem zweiten Feldzuge, also um 670 vor Chr., aufgestellt worden sein. Eben so genau kennen wir den Ort der Aufstellung, da der Sockel des Denkmales noch in situ aufgefunden und bis jetzt erhalten worden ist.[3] Er steht im äusseren Burgthore, und zwar an der westlichen Schmalwand des Thorhofes. Wie aus der Skizze auf Seite 11 erhellt, die nur zu augenblicklicher Orientirung dienen soll, während die genaue Aufnahme der Thoranlage erst im Zusammenhange mit den übrigen Grundrissen veröffentlicht werden wird, war das Denkmal nicht symmetrisch in der langen Axe des schmalen Hofes aufgestellt, sondern nicht unbedeutend nach Norden verschoben, ein höchst sonderbarer Befund, der vielleicht zu der Annahme veranlassen darf, dass der ursprüngliche Grundriss des Thores, so wie er uns heute wieder vorliegt, zur Zeit der Aufstellung des Monolithen durch Zubauten und Verkleisterungen bereits verdunkelt und verändert war.

Weniger gut als über Ort und Zeit der Aufstellung unseres Denkmales wissen wir über seine weitere Geschichte Bescheid, aber es scheint, dass es nur kurze Zeit aufrecht gestanden haben kann. Wir fanden es 1888 in sechs grosse und mehrere kleine Stücke zerbrochen im Thorhofe liegen; eine sorgfältige Betrachtung aller Fundumstände ergab mir damals, dass die Stele einer grossen Katastrophe zum Opfer gefallen sein musste. Das

---

[1] Zur historischen Geographie von Nordsyrien, Berliner akad. Sitzungsberichte 1892. S. 17 [329] ff.

[2] Vergl. H. WINCKLER, Untersuchungen zur altoriental. Geschichte. Leipzig 1889. S. 99.

[3] Der Sockel (vergl. die Schlussvignette dieses Capitels auf S. 29) ist schon an und für sich ein mächtiger Block von etwas über zwei Kubikmeter Rauminhalt und mehr als 110 Centner Gewicht; er ruht ohne weitere Fundamente unmittelbar auf dem alten Lehmschutt einer früheren Mauer auf, ist 1.60 m lang, 1.15 m breit bezw. tief und 1.11 m hoch, und hat auf seiner oberen Fläche eine grosse wannenförmige Vertiefung für den Zapfen der Stele. Sehr auffallend ist eine weitere viereckige Vertiefung in der Mitte der vorderen Fläche des Sockels; sie ist in einer Ausdehnung von 0.49 : 0.30 m etwa 5—6 cm tief und ihrer Bestimmung nach völlig unklar. Ebenso unverständlich ist eine ganz schmale, glatte, fast glänzend geschliffene halbrunde Rille, welche gerade in der Mitte der Vorderfläche von oben nach unten gezogen ist. Breite und Tiefe entsprechen etwa der Dicke eines Bleistiftes.

Pilaster des Hofes war zunächst mit Asche und Stücken von Holzkohle bedeckt, darüber
lag 0.8—1.2 m hoch Lehmziegelschutt mit kleinen Steinen, auf diesem lagen die Bruchstücke der Stele in der auf der Planskizze angedeuteten Lage, alle mit der Bildfläche nach
abwärts; darüber lag abermals Lehmziegelschutt von 1.0—2.3 m Mächtigkeit mit einzelnen
noch deutlich erkennbaren, schwach angebrannten, nicht in situ befindlichen Lehmziegeln
und schliesslich eine ganz dünne Grasnarbe. Der Befund lässt zunächst fast mit Sicherheit,
mindestens mit sehr grosser Wahrscheinlichkeit, annehmen, dass der Thorhof gedeckt war.
Jedenfalls ging er durch Brand zu Grunde; erst kam die Decke, dann ein Theil der Wände
zu Fall, nachher erst stürzte die Stele, vermuthlich ohne weiteres menschliches Zuthun,
nur mitgerissen von der stürzenden Westwand des Hofes. Sicher aber ist die Zerstörung
eine plötzliche gewesen und sicher hatte seither bis zu dem Augenblicke unserer Grabung
keines Menschen Hand mehr die Trümmer berührt. Das aber deutet einwandfrei auf eine
gründliche und vollständige Zerstörung durch Feindeshand nicht nur des Thores, sondern
auch der ganzen Stadt und, da irgend ansehnliche Reste aus der Zeit nach Asarhaddon
in Sendschirli überhaupt fehlen, liegt es sehr nahe, anzunehmen, dass die gänzliche Zerstörung von Stadt und Burg schon bald nach der Zeit Asarhaddon's erfolgt sein muss.[1]

Seither sind die einzelnen Stücke der Stele in Berlin wieder zusammengesetzt worden,
so dass diese jetzt wieder als vollständiges Ganze erscheint; da besonders auf die Ver-
packung der einzelnen Stücke äusserste Sorgfalt verwandt worden war, sind die von Haus
aus ganz scharfen und unversehrten Bruchkanten auch während des Transportes gut erhalten
geblieben und die Bruchlinien daher jetzt kaum mehr zu erkennen. Trotz aller Mühe bei
der Ausgrabung selbst sind zwei etwa handgrosse Stücke aus der Bildfläche verloren gegangen;
ausserdem fehlt ein Theil der weit vorstehenden oberen Umrahmung der Bildfläche; dieser
war bei dem Falle mit der ganzen Wucht der stürzenden Masse auf einen grossen Stein zu
stossen gekommen und völlig zersplittert, während die übrige Stele dabei nirgends verletzt
wurde, sondern nur in Stücke fiel, was ihren Transport in sehr wesentlicher Weise er-
leichterte, ohne ihren inneren Werth irgendwie zu beeinträchtigen.

Da die Stele nach der Bildfläche nach unten gefallen war, ist diese seither keiner
Veränderung mehr ausgesetzt gewesen, aber die Lehmmassen der nachstürzenden Mauer

[1] Inschriftlich oder historisch ist diese Zerstörung meines Wissens bisher noch nicht nachgewiesen;
hoffentlich wird dies mit der Zeit gelingen; einstweilen ist es sehr wahrscheinlich, dass die endgültige Zerstörung
von Sendschirli in Zusammenhang mit einer Stadtgründung steht, welche im 6. oder am Ausgange des 7. vorchr.
Jahrhunderts kaum zwei Stunden südlich von Sendschirli bei Islahije erfolgt ist. Dort kennen F. v. Luschan und
ich schon seit 1888 mächtige kyklopische Burgmauern, welche nichts mit der Stadt Nikopolis zu thun haben,
die für die römische Kaiserzeit hier bekannt und durch zahlloo inner- und ausserhalb der kyklopischen Mauern
umherliegende Bauglieder und Inschriften gesichert ist. Die Reste der älteren, bisher noch namenlosen Stadt
sind 1891 auf meine Bitte auch von Herrn Kolbewey untersucht und aufgenommen worden und werden von
diesem wohl ausführlich behandelt werden; einstweilen genügt es, darauf aufmerksam zu machen, wie sich nur
zwei kleine Stunden von Sendschirli entfernt eine Burg findet, welche ganz an die ältesten Burgen in Griechen-
land erinnert. Sie liegt nicht in der Ebene, wie die alten Städte des Ostens, sondern hoch auf steiler felsiger
Anhöhe, ihre Mauern sind bis zur vollen Höhe ganz aus behauenen Steinen erbaut, nicht aus Lehmziegeln und
ihr unregelmässiger complicirter Grundriss schmiegt sich wie bei den griechischen Akropolen ganz an das Terrain
an, während die typischen Städte des Ostens im Grundriss immer viereckig, rechteckig oder kreisförmig sind.
So bricht die alte Burg von Islahije mit jeder einheimischen Tradition; wer sie gebaut hat, ist uns einstweilen
noch völlig unbekannt, dem Stile nach kann sie nicht jünger als die 6. vorchr. Jahrhundert sein, so dass ihre
Erbauung zeitlich mit der Zerstörung von Sendschirli zusammenzufallen scheint.

Diese aber steht, wenn nicht alles trügt, in Zusammenhang mit der grossen Katastrophe, durch welche
etwa um 606 v. Chr. das assyrische Reich zerfiel. «Als vierter Hauptklassen, Ninive, Dûr-Sarrukin, Kalach und
Assur gingen in Flammen auf und wurden dem Erdboden gleich gemacht, um sie wieder bewohnt zu werden»
(vergl. E. Meyer, Gesch. d. Alterthums 1884, S. 557) und dasselbe Schicksal hat damals wohl auch die Haupt-
orte selbst der entfernteren Provinzen betroffen; Sendschirli war aber damals schon assyrische Provinzstadt und
hatte — sicher schon seit Asarhaddon, wenn nicht früher — aufgehört, die Hauptstadt eines auch nur einigermassen selbständigen Gemeinwesens zu sein.

haben auch die Rückseite der Stele vor atmosphaerischen Einflüssen gut geschützt, nur das oberste Stück der Rückseite, das höher zu liegen gekommen und nur mit wenig Erde bedeckt war, hat mehr gelitten. Alles übrige ist ausgezeichnet erhalten und grosse Flächen der Stele sehen völlig intact aus, so dass unser Denkmal jedenfalls das best erhaltene seiner Art ist.

Nicht geringen Antheil an dieser vorzüglichen Erhaltung hat natürlich das Material, ein ausserordentlich gleichmässiger, fast völlig blasenfreier und daher sehr harter Dolerit. Aus demselben Gestein sind, von einer bisher einzigen Ausnahme abgesehen, auch alle anderen Sculpturen in Sendschirli, wie die Untersuchungen ergeben haben, welche die Herren W. Reiss und Kern anzustellen so gütig waren und über welche sie wie folgt berichten:

»Sämmtliche Proben sind »Dolerit«, das heisst grobkörnige vollkrystalline Gemenge der den Feldspath-Basalt zusammensetzenden Mineralien: Plagioklas, Augit, Olivin nebst Eisenerzen und wenig Apatit. Die drei Proben (sie waren von Stücken abgeschlagen, die äusserlich von einander möglichst verschieden aussahen) sind identisch, nur ein Geringes verschieden in der Korngrösse. In Zusammensetzung und Structur stimmen die Gesteine vollkommen überein mit dem Dolerit der Löwenburg im Siebengebirge bei Bonn, der Art, dass sie von diesem gegebenen Falles unter dem Mikroskope kaum zu unterscheiden sein dürften. Die Gemengtheile bieten keine besonderen Eigenthümlichkeiten.«

Dieser für den Laien am meisten dem gewöhnlichen Basalt nahekommende Dolerit steht nun in unmittelbarer Nähe von Sendschirli und auch sonst in der Umgebung in grossen niedrigen inselartigen Kuppen zu Tage, die gewöhnlich mit Eichen bestanden sind und schon deshalb auch von den Kurden als Iedsche von allen anderen Formationen unterschieden werden. Wir haben sogar noch einen der alten Steinbrüche aufgefunden, über den später ausführlich berichtet werden soll, mit mehreren Dutzenden von grossen Löwen und anderen unvollendeten Sculpturen. Dass also auch unser Denkmal an Ort und Stelle gefertigt und nicht etwa aus Assyrien nach Sendschirli gebracht worden ist, unterliegt gar keinem Zweifel; ausserdem werden wir auch erfahren, dass Asarhaddon selbst sich längere Zeit in Sendschirli aufgehalten und dort sogar einen Palast erbaut hat. Gegen einen Transport aus grösserer Entfernung hätte man übrigens allein schon das Gewicht des Steines geltend machen müssen, das über 6000 kg beträgt.

Unser Denkmal ist 3.46 m (ohne den Zapfen 3.22) hoch und 1.35 m breit,[1] übertrifft daher auch an Grösse alle bisher bekannten Monolithe dieser Art. Sein Hauptwerth aber liegt in dem reichen Bildwerk, durch dessen vorzügliche Ausführung und historische wie religionsgeschichtliche Wichtigkeit es alle ähnlichen Monumente weit hinter sich lässt.

Dargestellt ist zunächst Asarhaddon selbst mit zwei gefangenen Königen, ausserdem weist die Vorderfläche noch zwölf kleine Darstellungen von Gottheiten, Gestirnen und Sternbildern auf, während auf den Schmalseiten je ein königlicher Bundesgenoss erscheint. Die untere Hälfte der Vorderfläche sowie fast die ganze Hinterfläche ist mit Keilinschrift bedeckt, von der 35 Zeilen auf die erstere, 58 auf die letztere fallen; nur der Schluss der drittletzten und letzten Zeile greift auch auf die rechte Schmalseite über. Herr Professor Schrader hat die Güte gehabt, diese Inschrift zu behandeln, seine Arbeit wird im folgenden Capitel abgedruckt werden, ich beschränke mich daher auf die Beschreibung des Bildwerkes.

Asarhaddon ist in aufrechter Haltung dargestellt, nach rechts gewendet, ruhig stehend, den linken Fuss vor den rechten gesetzt. Der Kopf ist natürlich im strengen

---

[1] Die Dicke beträgt unten links 0.62, rechts nur 0.52; und nimmt nach oben bis 0.50 ab, der Stein ist also nicht völlig symmetrisch, was indess bei gewöhnlicher Betrachtung nicht auffällt und sich erst aus der Messung ergiebt.

Die grosse Stele Assurnâzirpal's im British Museum ist nur 2.63 hoch, und unsere Berliner Sargon-Stele hat nur 2.09 Höhe auf 0.68 Breite.

Profil gebildet, nur das Auge erscheint wie von vorn gesehen. Auch Haartracht und Kleidung entsprechen denen auf anderen Königsbildern der Sargoniden-Zeit und sind ebenso schwer zu verstehen, wie denn ja überhaupt die assyrische Tracht ihren Coxxx noch nicht gefunden hat. Die Gewandung des Königs scheint aus einem langen hemdartigen Rock mit kurzen Ärmeln zu bestehen, der bis an die Knöchel reicht und am Rande schwere Quasten trägt; dieser Rock ist beinahe vollständig durch ein zweites Kleidungsstück mit breitem Saume und langen Fransen bedeckt, das in zwei Touren von der Schulter an bis zu den Füssen den ganzen Körper einhüllt und von einem striekartigen Gürtel gehalten wird, der sich freilich dann in nicht ganz verständlicher Weise in der Schultergegend verliert. Nicht ganz klar ist auch die Art der Kopfbedeckung; der Form nach besteht sie im Wesentlichen aus einem grösseren und einem aufgesetzten kleinerem Kegel und ist dieselbe, die wir in der ganzen Reihe der uns bekannten assyrischen Königsbilder von Assurnaszirpal bis Assurbanipal am häufigsten antreffen; man bezeichnet sie gewöhnlich als Krone oder als Tiara und denkt wohl auch an einen richtigen Helm aus Gold und Silber. Mit Rücksicht auf die klimatischen Verhältnisse und auf die heutigen Trachten in diesen Ländern scheint es mir ungleich richtiger zu sein, turbanartige Kopfbedeckungen auch für die assyrischen Herrscher anzunehmen. Von diesem Gesichtspunkt aus ist unser Bild (und ebenso dann natürlich die grosse Reihe verwandter Darstellungen) dahin zu erklären, dass der König eine hohe kegelförmige Filzkappe trägt und über dieselbe ein mächtiges Turbantuch gewunden hat, dessen eines Ende hinten lose über den Nacken hängt und mit seiner reich geschmückten Kante bis an die Hüften herabreicht. Die vier kleinen flachen Vorragungen in der Stirngegend und die etwas grössere vor dem Ohre müssen als vorquellendes Haupthaar aufgefasst werden, wie der bunt emaillirte Ziegel bei Layard[1] beweist. Auch die drei breiten Streifen auf der Kopfbedeckung mit den kreisrunden Verzierungen bieten der Erklärung keine grossen Schwierigkeiten; zunächst könnte man ja an Spangen aus Metall denken, welche diademartig um den Turban gelegt sind, aber bei Botta Pl. 18 hat Sargon dieselben Streifen auf seiner Kopfbedeckung, dort aber sind sie mit derselben blassröthlichen Farbe angelegt, wie das frei den Nacken entlang hängende Ende des Turbantuches; sie sind also sicher als gewebte Binden aufzufassen; ob nun die runden Scheiben auf denselben aufgestickte oder eingewebte Verzierungen darstellen, oder aufgenähte Metallscheiben, ist kaum von Belang; zudem würde für das letztere nur die Ähnlichkeit mit den Armbändern sprechen, während für den textilen Charakter dieser Verzierungen zahlreiche Analogien aus alter und neuer Zeit beizubringen wären.

Das Haupthaar liegt im Nacken zunächst in sieben queren Wülsten und ist dann in acht hängende Locken aufgelöst, die aus lauter gleichen runden Höckern gebildet sind und bis an die Schulter reichen; ebensolche, nur noch kleinere runde Erhebungen bilden auch den Bart vom Ohre bis in die Kinngegend; erst unterhalb derselben ist auch der Bart aus acht langen dicht nebeneinander gereihten, spiralig gedrehten Locken gebildet, deren Verlauf in der üblichen Art mehrfach durch quergehende Reihen rundlicher Erhöhungen unterbrochen ist, die jedesmal das Ende einer Lockenschichte vorstellen sollen.

---

[1] Monumenta, II. S. 47. 55, siehe auch P. u. C. II. Pl. 14. Ebenso hat auch Sargon in Chorsabad (vergl. Botta's Taf. 12) die Stirnhaare in ganz gleicher Weise behandelt wie unser Asarhaddon, aber schwarz bemalt, so dass über die richtige Deutung kein Zweifel möglich ist, während unser Bildwerk allein auch eine andere zugelassen hätte. Kenner des Orients nämlich wissen, dass ein einmal richtig gewickelter Turban nicht etwa täglich neu hergestellt zu werden braucht, sondern wochenlang vorhält; den Anforderungen der Reinlichkeit aber wird dann durch eine waschbare takije entsprochen, die heute fast jeder Orientale unter dem Fess trägt. In vielen Gegenden gilt es nun als stilvoll, den zierlich gezackten Rand dieses weissen Käppchens ein wenig unter dem Fess vorragen zu lassen und an solchen Brauch hätte auch bei unserem Bildwerk gedacht werden müssen — hätten die farbigen Darstellungen von Nimrud und Chorsabad nicht die andere Deutung als richtig erwiesen.

In der Schläfengegend sind zwei nebeneinander stehende kleine Locken sichtbar, von denen die dem Ohre näher liegende nach hinten, die andere nach vorne eingerollt ist. Die Oberlippe erscheint in der Mitte ausrasirt dargestellt, doch ist hinter dem Mundwinkel ein zu einer Locke gedrehter Schnurbart angedeutet; die Haare der Unterlippe sind zu einer Reihe kleiner Löckchen geordnet.

Als Schmuck trägt der König einen grossen Ohrring mit drei Knöpfen, die ihrer Form nach wohl auf Granatapfelblüthen zurückzuführen sind, und auf jedem Handgelenke je einen breiten Armring aus vier flachen runden Scheiben, die in der Mitte eine kleinere, gleichfalls kreisrunde und ganz flache Erhöhung haben und untereinander durch versteckte Gelenke verbunden scheinen, deren Axen jederseits als zierliche eiförmige Körper vorragen. Hingegen erweist sich bei näherer Betrachtung nur als stark betonter Saum des hemdartigen Rockes, was man über dem rechten Ellbogen sonst leicht für ein breites Oberarmband hätte halten können.

Der allein sichtbare rechte Vorderarm ist unbekleidet und mit mächtiger Musculatur dargestellt.

Die bis zur Gesichtshöhe emporgehobene geschlossene rechte Hand umfasst in sonderbar unbeholfener Haltung, bei der die Spitze des Daumens zwischen Index und Mittelfinger vorragt, einen Gegenstand, den man zunächst für einen Becher halten müsste, wenn ähnliche Becherformen thatsächlich bekannt wären und wenn nicht gleichartige Gegenstände auch unter solchen Umständen in der Hand von babylonischen und assyrischen Königen dargestellt erschienen, unter denen es schwer wird, Beziehungen zum Opfern oder Trinken zu finden, wie z. B. auf einem Relief des Louvre aus Kujundschuk, auf dem Assurbanipal, in Kriegswagen einherfahrend, einen solchen Gegenstand in der gehobenen Rechten und was die Sache noch besonders verwickelt macht, einen zweiten ähnlichen auch in der gesenkten Linken hält. Preuster hat für die kurzen geriefelten Stäbe auf einigen der Ahnenplatten am Nemrud-Dagh[1] an das persische Barsechman erinnert und an ein ähnliches priesterliches Abzeichen könnte auch hier gedacht werden, ebenso gut freilich an einen Fächer oder an ein Bündel wohlriechender Pflanzen oder an einen kleinen Wedel, wofür die Hoheitszeichen der Polynesier als vollständiges Analogon herangezogen werden können. Eine endgiltig befriedigende Erklärung freilich wird kaum je aus dem Bildwerk selbst sich ergeben, wohl aber hoffentlich einmal in den assyrischen Texten gefunden werden, welche ja gerade, was derartige technische Einzelheiten betrifft, eine fast noch unberührte Fundgrube bilden.

Die linke Hand hält zunächst ein drehrundes Scepter, das am oberen Ende eine birnförmige Anschwellung und über derselben vier immer kleiner werdende flache cylindrische Scheibchen hat, unten aber in zwei durch einen breiten Ring abgesetzte Kugeln endigt. Gehalten wird dieses keulenartige Scepter nicht am unteren Ende, sondern oben, unmittelbar unter der Anschwellung des Kopfes und mit der vollen Faust, um die noch zwei Stricke gewunden sind, an denen zwei Gefangene gehalten werden.

Von diesen ist der Vordere durch die Uraeus-Schlange als aegyptischer König und durch die ausgesprochen negerhaften Züge noch weiter als ein Pharao der aethiopischen Dynastie bezeichnet, der Sabako' und Taharqa[2] angehört haben; natürlich kann hier nur ein Zeitgenosse Asarhaddon's gemeint sein, also zweifellos, wie denn auch die Inschrift bestätigt, Taharqa (= Tirhaka, geschrieben Taharuqa, ass. Tarqû, gr. Τάρκος). Der Pharao ist knieend dargestellt, bartlos und in eng anschliessendem Gewande, mit blossen Füssen; Gesicht und Hände sind flehend zum Assyrer-Könige erhoben, Hand und Fussgelenke mit breiten Ringen gefesselt.

[1] A. a. O. S. 246, 255, 249, 301, 302 (hier die einschlägige Litteratur) und 324.
[2] Vergl. hierzu u. A.: H. Winckler, a. a. O. S. 94 ff.

Der andere Gefangene, wohl ein syrischer Fürst, und dann, wie schon Pietschmann[1] richtig vermuthet hat, zweifellos *Ba'alu*, König von Tyrus,[2] ist bärtig und mit langem Haar dargestellt, trägt einen weiten Rock und eine stumpf kegelförmige Mütze und erhebt gleichfalls die gefesselten Hände bittend zu dem mächtigen Herrscher, der seine Gefangenen um das Doppelte ihrer Körpergrösse überragt. Beiden Unglücklichen sind Ringe durch die Lippen gezogen, an denen sie wie wilde Thiere an der Leine geführt werden. Das ist eine etwas unzarte Behandlung gefangener Könige, aber sie scheint gerade um jene Zeit thatsächlich im Schwange gewesen zu sein, denn sie ist uns durch ein Relief aus Chorsabad (Botta, Pl. 83) für Asarhaddon's Grossvater Sargon bezeugt, wie für die Zeit von Asarhaddon's Vater Sanherib durch Jesaia,[3] und entspricht überhaupt der Rohheit einer Zeit, in der Sanherib durch Vatermord den Thron gewann und selbst wieder durch die Hand seiner eigenen Söhne das Leben verlor.

So sehen wir also auf unserem Denkmale Asarhaddon dargestellt, fast am Ziele seiner gewaltigen Laufbahn, nach ruhmreichen Feldzügen, im Vollbesitze seiner Macht, als Herr über Aegypten und Syrien,[4] die gefangenen Könige dieser Länder im Staub zu seinen Füssen, gedemüthigt und verstümmelt. Ausser dieser — man kann sagen — historischen Darstellung aber hat die nach Osten gewandt gewesene Vorderfläche unseres grossen Monolithen noch weiteres Bildwerk: rechts oben, über und neben dem Kopfe des Königs sind in flachem Relief zwölf kleine Bilder von Göttern, Gestirnen und Sternbildern angebracht, die ganz besondere Beachtung verdienen.

Naturgemäss und ihrer Anordnung nach müssen diese Bilder zu je vier in drei einzelne Gruppen gebracht werden. Von diesen ist die bedeutendste jene, welche vier Gottheiten auf schreitenden Thieren umfasst. Sicher nur der Raumvertheilung wegen, nicht aus einem inneren Grunde, sind diese nicht nebeneinander in eine Reihe gesetzt, sondern auf zwei übereinander liegende Streifen vertheilt. Da die Tafel I das Detail nicht mit der erwünschten Klarheit wiedergibt ist hier eine Federzeichnung des oberen Endes des Denkmales eingeschaltet, aus welcher, im Zusammenhalt mit der Tafel, die Art dieser kleinen Reliefs genau erkannt werden kann. Die Reihe beginnt links oben mit einer männlichen bärtigen Figur, die aufrecht und nach links gewendet auf einem nach links schreitenden Thiere steht. Der Gott hat langen Bart, langes Haupthaar, eine hohe cylindrische leicht nach oben ausladende Kopfbedeckung von der Art, wie sie noch heute bei den armenischen Geistlichen des westlichen Kleinasiens sich erhalten hat, mit einem eiförmigen Aufsatze auf der oberen Fläche und einen langen glatten, bis an die Knöchel reichenden Rock; in der gesenkten Rechten hält er ein gekrümmtes Wurfholz, das lagobolon, in der vorgestreckten

---

[1] Geschichte der Phönicier. Berlin 1889. S. 303. Anm. 1.

[2] Dieser war, wie mehrfach übereinstimmend berichtet wird, 672 v. Chr. von Taharqa zum Abfalle von Assyrien verleitet worden, weshalb Asarhaddon im zweiten ägyptischen Feldzuge mit einem Marsche nach Tyrus beginnt, die Stadt einschliessen und ihre Wasserzufuhr abschneiden lässt; vergl. hierzu Budge, History of Esarhaddon, p. 114, Tiele, babylon. assyr. Geschichte und besonders auch H. Winckler, Unters. z. altorient. Gesch. p. 97: ›gegen Ba'lu von Tyrus zog ich, welcher auf Tarkû, den König von Kuseh, seinen Freund sich verlassen und das Joch Assurs meines Herrn abgeschüttelt hatte‹ heisst es in einem hierhergehörigen Annalen-Bruchstück Asarhaddon's.

[3] Jesaia 37,29. ›Wegen Deines Tobens gegen mich und weil Dein Übermuth aufgestiegen ist zu meinen Ohren, darum lege ich meinen Haken in Deine Nase und meinen Zaum in Deine Lippe und mache Dich wieder umkehren auf dem Wege auf dem Du gekommen bist‹ lässt Jesaia den Herrn zu Sanherib sagen. Wie dann Sanherib's Sohn dann seinerseits die Drohung vergilt und wirklich einem syrischen Fürsten seinen Zaum durch die Lippe legt, zeigt unser Denkmal.

[4] Sidon, dessen König *Abdimilkuti* sich empört hatte, war schon 678 zerstört worden; der König war über das Meer, wohl nach Cypern, geflohen, wird aber eingeholt, ›um der See gefangen wie ein Fisch‹, und getödtet; 676 wurde ein anderer Empörer, *Sanduarri*, König der vielleicht heidnischen Städte Kundi und Sisû (östlich von Sidon) besiegt und gleichfalls getödtet. Sein und Abdimilkuti's Haupt wurden im Triumph durch Ninive getragen. (Tiele u. A.)

Linken einen rundlichen Gegenstand, vielleicht eine flache Scheibe. Höchst eigenartig aber ist das schreitende Thier, auf dem der Gott steht; es hat die Gestalt vielleicht einer Ziege, vielleicht auch eines hundeartigen Thieres, aber es hat ein mächtiges stumpf kegelförmiges Horn auf der Stirne sitzen, seine Hinterbeine endigen in Adlerkrallen und der hocherhobene geflammte Schweif anscheinend in einen Schlangen- oder Vogelkopf; hinter diesem chimärenartigen Fabelwesen kömmt noch ein zweites Thier zum Vorscheine, von dem nur der vordere Rand des Kopfes, des Rumpfes und eines schreitenden Vorderbeines sichtbar ist.

Die zweite Gottheit, wohl eine weibliche, sitzt auf hohem Throne, der von einem schreitenden Löwen getragen wird. Trotz des kleinen Maassstabes und trotz der Schwierigkeiten, die in der Härte des Materiales gegeben lagen, ist dieser Löwe völlig richtig in seinen Maassen und beinahe naturalistisch correct[1] dargestellt. Die auf ihm thronende Gott-

Fig. 4. Oberer Rand des Aertekeides · Denkmäler von Boudenböll. ¹/₂ d. w. Gr.

heit hat dieselbe Kopfbedeckung wie ihr Vorgänger, auch mit dem eiförmigen Zapfen auf der oberen Fläche und auch die gleiche, enganliegende bis an die Knöchel reichende Gewandung; die etwas unförmlich gebildete rechte Hand ist leicht erhoben, die vom Ellbogen an vorgestreckte Linke hält einen Kranz oder eine flache Scheibe. Die Füsse ruhen auf einem Schemel, der dem Nacken des Löwen aufgesetzt ist; der Thron selbst ist einfach und schmucklos, mit hoher Rückenlehne, längs welcher hinten fünf runde Scheiben (Sterne) angebracht sind, von denen die mittlere weggebrochen ist und nur bei näherem Zusehen noch als einst vorhanden gewesen erkannt werden kann.

Die dritte Gottheit ist wieder männlich; wie die erste hat sie langen Bart, langes Haupthaar, eine hohe cylindrische Kopfbedeckung — allerdings ohne den eiförmigen

---

[1] Natürlich ist nicht etwa der afrikanische Löwe gemeint, sondern der fast mähnenlose, dem indischen oder Guzerat-Löwen ähnliche leo persicus, der noch heute in Süd-Babylonien und bis zum mittleren Euphrat hinauf vorkommt und in alter Zeit über ganz Syrien verbreitet war.

Zapfen — und langes glattes Gewand. Beide Hände sind erhoben, die Rechte etwas mehr, als die Linke, beide anscheinend leer. Der Gott steht auf einem schreitenden Thiere, welches dem der ersten Gottheit völlig gleicht, auch die Hinterbeine desselben enden in Adlerklauen und der Schweif in einen Schlangen- oder Vogelkopf, nur das Horn erscheint durch einen kaum wahrnehmbaren Längsstrich gespalten, in zwei Hörner aufgelöst; in allem Übrigen stimmt das Thier des dritten ganz mit dem vorderen Thiere des ersten Gottes überein.

Die vierte Gottheit endlich ist gleichfalls männlich und in Tracht und Kleidung mit der dritten übereinstimmend. Die linke Hand ist hoch über den Kopf erhoben, die vorgestreckte Rechte hält drei geflammte Stäbe, die wir wohl ohne Bedenken als Blitzbündel ansprechen dürfen. Sie steht auf einem Thiere, das an und für sich schwer zu erkennen wäre; doch ergiebt ein Vergleich mit grösseren Reliefdarstellungen, dass wir es zweifellos mit dem »Wildstier« der Inschriften zu thun haben, also mit einem wirklich vorhandenen Thiere, wenn auch die unbeholfene Art der Kopfbildung im ersten Augenblicke eher an ein Fabelwesen denken liesse.

Die zweite Gruppe unserer kleinen Beizeichen befindet sich neben der erhobenen Hand des Königs: auf einem bandartigen Streifen stehen hier, dicht nebeneinander, vier sonderbare Gegenstände; zunächst links etwas wie ein stylisirter Baum mit herabhängenden Früchten, dann ein Pfahl mit einer Längsrille, der wie eine gekuppelte Säule aussieht, zum dritten ein Pfahl, der oben nach links in einen richtigen gesenkten Widderkopf umbiegt, unten aber in eine Art Schwanzflosse ausgeht; schliesslich ganz rechts eine Säule, welche als Capitell zwei Hundeköpfe hat, die von einander abgewandt aus einem gemeinsamen kurzen Hals herauswachsen und zwischen sich einen spindel- oder eiförmigen Gegenstand tragen.

Weitaus verständlicher erscheint die dritte und letzte Gruppe unserer Darstellungen. Da ist rechts oben zuerst der Mond zu sehen, als Halbmond gebildet, nach oben offen, aber mit feiner Naturbeobachtung als Vollkreis angedeutet; unter demselben finden wir die geflügelte Scheibe, genau so, wie sie als heiliges Symbol Aššur's so oft auf assyrischen Reliefs erscheint, oben mit einer dicken Schleife, mit 18 kurzen Strahlen um den übrigen Rand, mit je zweimal sechs Strahlen in jedem Flügel und sechs, dann sieben Strahlen im Schwanze. Etwas rechts unter der geflügelten Scheibe ist als grosses sechszehnstrahliges Gestirn die Sonne dargestellt, ganz links oben aber sehen wir sieben flache runde Scheibchen, natürlich Sterne; nur vier von diesen sind noch völlig erhalten, die drei anderen, die weggebrochen sind, kann man nur bei besonders günstiger Beleuchtung erkennen, den siebenten Stern sogar nur dann mit Sicherheit, wenn die Stelle befeuchtet und im Augenblicke des Trocknens untersucht wird, wo er sich dann als dunklere Scheibe von dem glatteren, rascher trocknenden und daher helleren Grunde abhebt.

Fragen wir nach der Bedeutung dieser mit so grosser Sorgfalt und an so in die Augen fallender Stelle angebrachten Embleme, so würden wir uns zunächst an die im Beginne der Inschrift namentlich angerufenen Götter zu halten haben und können aus diesen zuerst Aššur, dann Sin und Šamaš, ferner Istar und schliesslich auch die in Zeile 10 des Textes angerufene Gottheit mit je einem unserer Beizeichen zusammenbringen, so dass von der Zwölfzahl derselben fünf schon beim ersten Versuche erklärt wären, hingegen fiele es schwer, auch die anderen sieben Darstellungen gleichfalls nur aus sich selbst und dem Texte heraus zu erklären: wir müssen daher einen anderen Weg suchen und dieser führt zu der Betrachtung der auf den vier übrigen assyrischen Königsstelen und auf den verwandten Bildwerken befindlichen ähnlichen Darstellungen. Freilich sind diese nirgends so umfangreich und so wohl erhalten, auch nirgends (mit einer einzigen Ausnahme: Bavian) so zahlreich, wie auf unserem Denkmale, aber ein Vergleich wird sich doch als sehr lehr-

3*

reich erweisen; leider sind sie bisher nirgends ausführlicher oder zusammenfassend beschrieben worden, so dass es nöthig ist, dieselben hier einzeln durchzunehmen; es soll dies nun möglichst kurz und in chronologischer Folge geschehen.

α. ASSURNÂSZIRPAL.

Fünf Beizeichen, links (der König ist nach links gewandt), neben dem Kopfe des Königs unten als achtstrahliger Stern die Sonne, darüber ein zweizackiges Blitzbündel, dann der Halbmond, die geflügelte Scheibe und schliesslich rechts oben eine Kopfbedeckung mit vier Hörnerpaaren, in Vorderansicht. Im Texte der Inschrift werden fünf Götter angerufen: Aššur, Rammân, Sin, Šamaš und Ištar.

ß. SALMANASSAR II.

Sechs Beizeichen, links neben dem Kopfe des nach links gewandten Königs: Halbmond, Zweizack, gehörnte Mütze (diesmal in Seitenansicht), achtstrahliger Stern, rechts oben die geflügelte Scheibe, endlich als sechstes Zeichen unter dem grossen Stern, sehr zerstört und auf den Abbildungen nirgends zu erkennen, eine Darstellung, in der ich das Siebengestirn vermuthete. Auf meine Anfrage hat Turo, Pinches mir auch wirklich mitgetheilt, dass trotz der ganz schlechten Erhaltung noch sechs Sterne zu erkennen wären. Die Namen der angerufenen Götter sind: Aššur, Anu, Bel, Ea, Šamaš und Ištar.

γ. SAMŠI-RAMMÂN.

Dieselben fünf Zeichen wie auf der sub α angeführten Stele Assurnâszirpal's und in genau derselben Reihenfolge. Angerufen wird im Texte namentlich nur Nindar.

δ. SARGON.

Acht Beizeichen, die meines Wissens bisher nirgends ausreichend abgebildet oder beschrieben sind. Selbst die sonst recht gute, 1880 von C. Leonhard Becker für Riehm's Handwörterbuch angefertigte Zeichnung der Stele lässt kein einziges dieser Zeichen deutlich

Fig. 5. Schematische Darstellung der Beizeichen auf der Berliner Sargon-Stele.   Fig. 7. Schematische Darstellung der Beizeichen auf dem Felsrelief des Asarhaddon vom Nahr el Kelb.

erkennen, so dass ich hier in Fig. 5 eine schematische Skizze des oberen Theiles unserer Berliner Sargon-Stele einschalte. Man erkennt zunächst oben die uns bereits bekannte gehörnte Mütze, dann Mond, Sonne und Siebengestirn, unten die grosse geflügelte Scheibe Aššurs und, eingeschlossen von diesen fünf Zeichen drei weitere: Links ein dreizackiges Blitzbündel und neben diesem zwei Zeichen die nicht mehr ganz gut erhalten sind, aber wenigstens beiläufig die Form gehabt haben, die ihnen auf unserer Skizze gegeben ist, also das linke die eines Baumes, das rechte die eines Doppelpfahles, beide mit anscheinend unsymmetrischen und nach rechts hin gewandten dreieckigen Untersätzen, im übrigen aber zweifellos mit den zwei ersten Beizeichen der zweiten Gruppe des Sendschirli-Monolithen übereinstimmend.

Weniger sicher als die Beizeichen sind leider die Götternamen unserer cyprischen Stele zu ermitteln, da gerade der Anfang der Inschrift sehr schlecht erhalten ist; Aššur, Sin, Šamaš sind zweifellos, auch Merodach ist wohl unter den angerufenen Göttern, aber die Namen der übrigen sind einstweilen noch nicht entziffert worden.

c. SANHERIB. FELS-RELIEF BEI BAVIAN.

Zwölf Zeichen, die uns lediglich aus einer kleinen Skizze A. H. Layard's bekannt sind, die ich hier reproducire,[1] weil sie zum Vergleiche mit Sendschirli ganz besonders wichtig ist, wegen ihrer Unscheinbarkeit aber bisher oft übersehen worden und so gut wie

Fig. 8. Bruerstaa roma vollständigen Fels-Relief bei Bavian; nach Layard.

unbekannt geblieben ist. Bavian würde ja überhaupt eine erneute Untersuchung reichlich lohnen: was wir bisher von dem Orte kennen, ist ja gerade eben genug, um den Wunsch nach neuen Aufnahmen und Photographien der dort zu Tage liegenden Bildwerke recht lebhaft werden zu lassen. Ausser dem allgemein bekannten riesenhaften Fels-Relief mit den beiden Gottheiten auf Thieren und den beiden anbetenden Königen zu ihren Seiten und einem

ebenso riesigen Relief mit einem zu Pferd gegen einen stehenden schildgedeckten Gegner anstürmenden König, über dem drei Götter auf Thieren stehend dargestellt sind, hat Layard bei seinem kurzen Besuche 1850 auch drei ägyptische Inschriften, ein ägyptisches Relief und sieben stelenförmige Nischen mit Königsbildern gesehen, jede fast 2 m hoch, alle wie es scheint mit dem Bilde des Sanherib. Aus einer dieser Nischen stammen die zwölf Zeichen, die uns jetzt beschäftigen werden. Wie in Sendschirli muss man auch diese in drei Gruppen theilen, die erste enthält zunächst drei gehörnte Kopfbedeckungen und als viertes Zeichen, auf einer aedicula stehend, den uns schon von Sendschirli aus bekannten in einen nach links abgebogenen Widderkopf ausgehenden Balken; die zweite zeigt auf einem gemeinsamen Bande zuerst ein dreizackiges Blitzbündel und dann, genau wie in Sendschirli den stylisirten »Baum«, den Pfahl und die Säule mit den beiden Hundeköpfen. Auch die dritte Gruppe, welche räumlich allerdings durch die zweite in zwei symmetrische Hälften getheilt erscheint, erinnert direct wieder an Sendschirli: wir sehen links den Mond und die geflügelte Scheibe, rechts die Sonne, hier nur als vierzackiger Stern gebildet und schliesslich das Siebengestirn. Die völlige Übereinstimmung mit der Darstellung auf unserem Asarhaddon-Monolithen wird aber noch auffälliger, wenn wir uns das letzte Zeichen der ersten Gruppe mit dem ersten der zweiten Gruppe vertauscht denken. Wir würden dann auf beiden Monumenten eine vollständige Congruenz der zweiten und der dritten Gruppe haben, während die erste Gruppe von Bavian natürlich die vier in Sendschirli auf Thieren stehend oder sitzend dargestellten Götter vertritt, wobei die drei ersten Gottheiten einfach (man möchte sagen: stenographisch) durch ihre Kopfbedeckungen ersetzt, die vierte aber, der Donnergott, durch das Blitzbündel.

Die zugehörige Inschrift, die im Übrigen hauptsächlich von der Anlage einer grossen Wasserleitung handelt, enthält in der ersten Zeile eine Anrufung von zwölf Göttern: Aššur,

---

[1] Vergl. Layard, N. a. B., p. 210. Die Zeichnung der Vorlage ist genau beibehalten, obgleich diese in einzelnen Details vielleicht nicht völlig dem Originale entspricht.

Anu, Bel, Ea, Sin, Šamaš, Rammânu, Marduk, Nabu, |......].' Ištar und 𒀭 𒍣. Es würde anmaassend sein, wenn ich als Anfänger in assyriologischen Dingen eine Übersetzung dieses Wortes geben wollte, welches von meinen Vorgängern unübersetzt gelassen worden ist, aber ich darf wenigstens darauf hinweisen, dass diese Gottheit dieselbe ist, die auch in Zeile 10 der Inschrift unseres Monolithen von Sendschirli angerufen wird. Zweifellos besteht das Wort, wie es in beiden Texten geschrieben ist, zuerst aus dem Zahlzeichen für sieben und aus einem Suffix, auf das ich (hier wenigstens) nicht näher eingehen will; wohl aber ist es vielleicht nützlich, schon hier auf den bilinguen Hymnus IV. R. 9. 57—60 aufmerksam zu machen, in deren assyrischem Texte dieselbe Gottheit mit 𒇉 𒈪 bezeichnet wird, deren babylonisches Aequivalent wir als assyrisches Ideogramm in der ersten Zeile der bereits erwähnten Stele Salmanassar II. wiederfinden. Man kann dann weiter, wie bereits POGNON[2] gethan hat, diese Stelle (III. R. 7. 1) noch mit einer Zeile des »schwarzen« Obelisken L. 87. ¹; vergleichen und allenfalls auch noch aus IV. R. 45. ⁵⁰₃₁ erfahren, dass unser Wort zweifellos auch im Singular gebraucht wird — aber man wird auch schon ohne diese weiteren Texte erkannt haben, dass es nur als eine »Siebeneinigkeit« aufgefasst werden kann, d. h. als »Siebengestirn«, und dann also natürlich nur als eine Bezeichnung für die Plejaden. Nun hat aber HOMMEL, der 1889 den Sendschirli-Monolithen in Berlin gesehen hat und den ich auf die complete Übereinstimmung der Beizeichen mit denen von Bavian aufmerksam machen konnte, mündlich darauf hingewiesen, dass die sieben Sterne auf dem Felsen-Relief von Bavian nicht nothwendig die Plejaden vorstellen müssen, sondern auch den Gott In-mi-sharra = Nirgal vertreten können, der ja in der Nähe der Plejaden localisirt sei.[3] Dies als richtig angenommen, würde die in der Götteranrufung von Bavian zwischen Nabu und Ištar befindliche Lücke dann natürlich nur mit Nindar auszufüllen sein.

ζ. ASARHADDON, FELS-RELIEF BEIM NAHR EL KELB.

Acht Zeichen links vom Kopfe des Königs, die soweit mir bekannt ist, noch nirgends veröffentlicht sind; ich gebe sie hier nach einer Skizze, die ich 1883 an Ort und Stelle gezeichnet habe und seither mit einer Photographie und mit dem in Berlin befindlichen Abgusse vergleichen konnte. Es sind genau dieselben Zeichen, wie auf der Sargon-Stele, nur theilweise anders angeordnet; auch die Hörnermütze ist etwas auffallend gestaltet, aber doch ohne Weiteres als solche zu erkennen. Leider ist auch hier der Anfang der Inschrift mit der Anrufung der Götter so schlecht erhalten, dass ich auf dem Originale keinen einzigen Götternamen mit Sicherheit lesen konnte. Auf dem in Berlin befindlichen Abguss erkennt Dr. LEHMANN »Sin mit Sicherheit und höchst wahrscheinlich vorher auch Ea.« Das Original scheint in den letzten Jahrzehnten unverhältnissmässig stark gelitten zu haben, es ist aber zu hoffen, dass eine im Brit. Museum befindliche Abformung desselben aus dem Jahre 1834 bei sorgfältiger Untersuchung noch eine vollständige Wiederherstellung des Textes gestattet.[4]

Mit diesen vier Stelen und den beiden stelenförmigen Fels-Reliefs ist aber die Reihe der Denkmäler, die zur Erklärung der Beizeichen auf dem Sendschirli-Monolithen herangezogen werden müssen, noch nicht erschöpft. Vor allem muss hier auf die kleine angeblich aus Palmyra stammende Bronze hingewiesen werden, die CLERMONT-GANNEAU[5] zuerst bekannt gemacht hat. Auf eine Beschreibung dieses völlig eigenartigen Denkmals, das auf seiner

---

¹ Die Inschrift scheint hier völlig zerstört, der fehlende Name kann indess nur Nindar oder Nirgal sein.
² L'inscription de Bavian, Paris 1879.
³ Vergl. auch HOMMEL, Astronomie der alten Chaldäer, Ausland, 1892.
⁴ Vergl. BOSCAWEN in Tr. S. B. A. VII. 345 ff. Die dort S. 346 Anm. 2 erwähnte Ähnlichkeit dreier Beizeichen mit hethit. Hieroglyphen ist allerdings schwer zu entdecken und beruht sicher nur auf einer sehr ungenauen Betrachtung derselben.
⁵ L'enfer assyrien, Revue archéol. XXXVIII. Pl. 25; vergl. auch PERROT und CHIPIEZ II. 362 ff.

vorderen Fläche in vier übereinander liegenden Streifen Darstellungen des Himmels, der Atmosphäre(?), der Erde mit einem Gestorbenen und der Unterwelt zu enthalten scheint, kann hier verzichtet werden; es genügt, hier auf die neun Zeichen der obersten, den Himmel darstellenden Reihe hinzuweisen; diese zeigt, von rechts an betrachtet, zuerst unser Siebengestirn, dann den Halbmond, die geflügelte Scheibe Aššur's, die Sonne, einen Doppelpfahl, ferner ein in den mir zugänglichen Abbildungen undeutliches Zeichen, das wohl mit unserem baumförmigen Symbol übereinstimmen dürfte, dann das dreistrahlige Blitzbündel und der in einen Widderkopf auslaufende Pfahl, schliesslich ein Zeichen, welches sicher eine gehörnte Mütze vorgestellt hat, wenn dies auch aus den vorhandenen Abbildungen nicht deutlich hervorgeht. Dieser Streifen, der im Originale nur 7 cm lang und wenig mehr als 1 cm hoch ist, enthält also neun von den uns bisher bekannten zwölf Beizeichen.

Ferner sei hier auf das grosse Felsrelief von Maltaija hingewiesen, das uns leider trotz der Beschreibung von Layard[1] und der grossen Abbildung bei Place[2] noch immer nicht genau bekannt ist. Die vorhandenen Beschreibungen gehen soweit auseinander, dass sich nicht einmal entnehmen lässt, ob siebenundzwanzig Figuren dargestellt sind, oder

Fig. 8. Schematische Darstellung einer Gruppe aus dem Relief von Maltaija nach ¹/₃ d. n. Gr.

sechsunddreissig; Layard lässt nämlich eine aus neun fast lebensgrossen Figuren bestehende Gruppe viermal wiederholt sein, Place nur dreimal. Nach Layard und auch nach dem Texte von Place stimmen die einzelnen Gruppen untereinander vollständig überein, die Abbildung bei Place aber lässt wesentliche Verschiedenheiten in der Reihenfolge der einzelnen Figuren erkennen. Layard's Beschreibung wird durch die Beizeichen unseres neuen Sendschirli-Monolithen mehrfach bestätigt und scheint auch sonst die genauere zu sein; ich habe daher den Versuch gemacht, in der hier, Fig. 8, gegebenen schematischen Skizze die Zeichnung bei Place mit der Layard'schen Beschreibung in Übereinstimmung zu bringen. Natürlich gibt die Skizze nur den vierten (bez. wenn Place Recht haben sollte, den dritten) Theil des ganzen Reliefs, man wird aber einstweilen wohl annehmen dürfen, dass die übrigen Theile vollkommene Wiederholungen bilden. Nun finden wir aber hier zwischen zwei Figuren eines Königs in anbetender Stellung sieben Götter auf schreitenden Thieren dargestellt, unter denen wir ohne Schwierigkeit vier wiedererkennen, die uns fast völlig gleichartig auf dem Monolithen von Sendschirli begegnet sind. Leider ist das Relief von Maltaija (wenigstens bis jetzt) ohne eine erklärende Inschrift geblieben; man hat es daher nur wenig beachtet; zuletzt hat Puchstein[3] auf dasselbe hingewiesen und gezeigt, wie es vom Haus

[1] Nineveh and its remains, I. 230.
[2] Pl. 45, vergl. auch Perrot und Chipiez II. 643.
[3] Pseudohethitische Kunst, Berlin 1890.

aus wahrscheinlich und besonders auch durch die Siebenzahl der dargestellten Götter nahegelegt ist, dass es sich um Wochentags- und planetarische Gottheiten handelt. Nur über die richtige Reihenfolge derselben sind wir noch im Unklaren; PUCHSTEIN lässt die Reihe links mit Sonnabend (Saturn = Nindar) beginnen, so dass in den übrigen Göttern von Maltaija der Reihe nach Šamaš, Sin, Nirgal, Nabu, Merodach und Ištar erkannt werden müssten. Aber diese Folge ist nicht völlig einwandfrei und HOMMEL[1] weist im Verlaufe einer ganz anderen Untersuchung, bei welcher das Relief von Maltaija überhaupt nicht berücksichtigt wird, auf eine nicht geringe Zahl von einander abweichender Anordnungen hin, welche sich z. B. für Borsippa, Ekbatana und Chorsabad zu ergeben scheinen: jedenfalls ist durch dieses unsichere Schwanken in der Reihenfolge der Planeten auch die richtige Deutung der einzelnen Götter von Maltaija bedeutend erschwert. Wir werden auf dieselben sofort zurückkommen, vorher ist es aber nöthig, noch einen weiteren Kreis von Denkmälern zum Vergleiche heranzuziehen — die babylonischen »Grenzsteine« und verwandte Urkunden. Ein grosser Theil derselben ist kürzlich von HOMMEL[2] zusammenfassend behandelt worden, leider ohne Abbildungen, so dass es noch immer schwer und unbequem ist, das vorhandene Material zu übersehen. Der caillou Michaux ist der am längsten bekannte und der berühmteste Vertreter dieser Gattung; die wichtigsten der im Britischen Museum befindlichen Steine kann man bei RAWLINSON[3] nachsehen und auch Berlin besitzt ganz hervorragende Stücke dieser Art, so vor allen den herrlichen Urkundenstein Merodach-Baladan's.

Schliesslich muss noch auf ein weiteres Denkmal hier verwiesen werden — auf den schönen Stein von Abu Habba (Sippara). Dieser[4] ist für unsere gegenwärtige Betrachtung darum besonders wichtig, weil seine Beizeichen direct inschriftlich erklärt sind, was sonst bei keinem anderen babylonischen oder assyrischen Denkmal ähnlicher Art der Fall ist. Da sehen wir als Hauptgestirn die Sonne dargestellt, in der Form einer kreisrunden Scheibe mit eingeschriebenem Stern: die Mitte desselben ist wiederum durch einen Kreis gebildet, von dem die vier spitz zulaufenden Hauptstrahlen ausgehen, zwischen denen sich je ein Bündel von je drei geflammten Nebenstrahlen befindet. Dieses Gestirn, durch die nebenstehende Inschrift ausdrücklich als »Bildniss des Šamaš, des grossen Herrn, der im Tempel Ebabarra (Haus des Sonnenaufganges) wohnt« bezeichnet, hat also im Ganzen sechszehn Strahlen, genau wie das Bild des Šamaš auf unserem Sendschirli-Monolithen; der einzige Unterschied ist der, dass bei diesem immer ein geflammter mit einem geraden Strahl abwechselt, während bei dem Stein von Sippara nur vier Strahlen gerade und zwölf geflammt sind. Dass dieser Unterschied kein wesentlicher ist, erhellt aus einer anderen Darstellung desselben Steines; da stehen neben dem Gesicht des langbärtigen und eine gehörnte Mütze tragenden Gottes noch innerhalb der säulengetragenen Aedicula, in der dieser thront, drei Beizeichen: der Halbmond und zwei untereinander fast völlig gleiche Sterne, jeder mit schlechtweg acht Strahlen, von denen bei dem ersten Sterne vier leicht geflammt erscheinen — der zugehörige Text aber beginnt mit: Ilu Sin, ilu Šamaš u ilu Ištar.

So wird für zwei Beizeichen der Asarhaddon-Stele unsere ursprüngliche Deutung durch den Stein von Sippara auch inschriftlich bestätigt: Wir müssen auch auf unserer Stele selbstverständlich den Halbmond mit Sin und das sechszehnstrahlige Gestirn mit Šamaš in Beziehung bringen. Nehmen wir nun aber als richtig an, dass auf dem Fels-Relief von

---

[1] Astronomie der alten Chaldäer, »Ausland« 1891, Nr. 12, 13, 14, 19 und 20.

[2] A. a. O.

[3] III. R. 57, III. R. 45, Fig. 1 und 2 (die Vorderansicht des Ersteren siehe bei P. und C. II. 509) und IV. R. 43. Über einen weiteren hierher gehörigen Stein s. BOSCAWEN, Babylonian Land-grant, in Babylonian and Oriental Record I. 1886/7, S. 65 ff.

[4] Vergl. V. R. 60, 61, ferner TAFG. G. PINCHES in T. S. B. A. VIII. 164 ff., dann P. und C. II. 211 und HOMMEL 596, sowie sonst noch mehrfach. Die beste Abbildung wohl bei MENANT, pierres gravées d. l. H. A., I. Pl. 5. p. 243 ff.

Maltaija die sieben[1] planetarischen Gottheiten dargestellt sind und weiter als richtig, dass unser Siebengestirn auf Nirgal zu beziehen ist, so gibt uns jetzt Maltaija den Schlüssel für die auf Thieren dargestellten Gottheiten unserer Stele, wie sich am einfachsten rein mathematisch durch ein Paar Gleichungen ergibt:

$$S^1 + S^2 + S^3 + S^4 + Sin + \check{S}ama\check{s} + Nirgal = M(1 \text{ bis } 7)$$

ferner ist $S^1 = M^1$

$S^2 = M^2$ wie sich aus der nahezu völligen Übereinstimmung der Attribute[2]
$S^3 = M^3$ und der Thiere ergibt.
$S^4 = M^4$

Die übrig bleibenden Götter von Maltaija sind dann natürlich jene, welche in Sendschirli nicht als Götter, sondern als Gestirne dargestellt sind, also: $M^5 + M^6 + M^7 = \check{S}ama\check{s}$, Nirgal und Sin; daraus folgt aber nothwendig die Schlussgleichung: $S^1 + S^2 + S^3 + S^4 = $ Merodach, Istar, Nabu und Nindar, wobei S^1 und S^2 natürlich auf Merodach und Istar zu beziehen sind, S^4 mit dem Blitzbündel wohl auf den Kriegsgott Nindar, S^3 dann aber allein für Nabu übrig bleibt.

Somit wären acht von unseren zwölf Beizeichen gedeutet; es bleiben noch die vier Zeichen über, die nebeneinander auf dem bandartigen Streifen neben der Hand des Königs aufgestellt erscheinen. Wie bereits erwähnt, finden sie sich völlig gleichartig auch auf den Fels-Reliefs Sanherib's von Bavian; zwei von ihnen sehen wir auf der Berliner Sargon-Stele und dieselben zwei auch auf dem Relief von Nahr-el-Kelb; sonst sind sie auf assyrischen Denkmälern bisher nicht weiter zur Beobachtung gekommen, werden aber dafür um so regelmässiger auf den babylonischen Urkundensteinen gefunden, auf denen besonders die Säule mit den beiden Hundeköpfen fast nie fehlt; nur auf dem caillou Michaux, auf dem Steine des Merodach Baladan I. (IV. R. 43) und auf dem von Boscawen (im B. a. O. Record. I) veröffentlichten ist sie durch zwei nebeneinander stehende einzelne Thierköpfe mit langen Hälsen vertreten; dafür aber enthält gerade der letztere Stein auch alle drei anderen Zeichen von Sendschirli vereinigt nebeneinander stehen, den «Bann», den Doppelpfahl und den Pfahl mit dem Widderkopf. Dass alle diese Darstellungen der babylonischen Urkundensteine zunächst Sternbilder bedeuten, ist völlig klar; von Hager (1811) an bis Hommel (1891 2) hat man sie auch auf den Thierkreis zurückgeführt; indess wissen wir andererseits,[2] dass die grosse alte Götter-Trias der Chaldäer, Anu, Bel, Ea von jeher in besonderen Beziehungen zu diesen Sternbildern steht und können daher annehmen, dass eine solche Beziehung auch in unserem speciellen Falle zum Ausdruck gelangt ist; wir würden dann den «Bann» auf Anu, den Pfahl auf Bel und den Widder auf Ea zurückführen müssen, als dessen Sinnbild dieses Thier übrigens ohnedies schon mehrfach beglaubigt ist. Es würde uns dann für das letzte unserer Sternbilder, in dem wir natürlich die Zwillinge zu erkennen haben, in der Reihe der zwölf grossen assyrischen Götter nur mehr Rammân zur Verfügung stehen.

---

[1] Es ist klar, dass hier nur von den sieben Planeten der Alten die Rede sein kann; die planetarische Natur der Erde hat erst Kopernikus erkannt, der Uranus ist erst im vorigen und der Neptun in unserem Jahrhundert entdeckt. Hingegen rechneten die Alten zu Mercur, Venus, Mars, Jupiter und Saturn wegen der scheinbaren Bewegung am Fixsternhimmel noch die Sonne und den Mond.

[2] S^1 hält in der Linken einen einfachen Kranz und S^2 hat beide Hände leer, während die entsprechenden Götter von Maltaija (1 und 4) jeder in der Linken eine Art Kranz mit Stab halten, der sich der Form nach mit einem um 90° gedrehten langochsenklingen c[?] vergleichen lässt, sich sonst vielfach als göttliches Attribut findet (so bei dem Stein von Sippara in der Hand von Šamaš etc.) und, wie ich vermuthe, wohl der ägyptischen crux ansata entsprechen dürfte. Eine solche kommt übrigens thatsächlich auf einem babylonischen Siegelcylinder in der Hand eines Gottes vor (vergl. die Abbildung bei G. Rawlinson, The five great Monarchies I. S. 106), so dass wir annehmen können, dass alle drei Zeichen, O. c[?] und die crux ansata von analoger oder gleicher Bedeutung sind.

[3] Vergl. Sayce, Babylonian Mythologie; Jensen, Kosmologie der Babylonier, Strassburg 1890; Epping, Astronomisches aus Babylon, Freiburg i. B. 1889 und Hommel a. a. O.

Ich weiss in dem Irrgarten der babylonischen Mythologie viel zu wenig Bescheid, um beurtheilen zu können, in wieweit eine derartige Beziehung zwischen Rammân und dem Sternbilde der Zwillinge anderweitig bestätigt wird, für den vorliegenden Fall aber scheint sie mir wenigstens recht wahrscheinlich gemacht.

Es erübrigt jetzt nur noch die Untersuchung, in wie weit die fast stets im Beginne unserer Stelen-Inschriften angerufenen Götter mit den Beizeichen derselben übereinstimmen. Vollständig ist diese Übereinstimmung zunächst für Bavian; sie wäre es auch für Sendschirli, wo wir nach der Analogie von Bavian das Siebengestirn gleichfalls auf Nirgal zurückführen können, wenn da nicht den zwölf Zeichen nur zehn Götternamen entsprechen würden. Wie oben bereits hervorgehoben, stimmen die Beizeichen von Bavian mit denen von Sendschirli überein; in der Asarhaddon-Inschrift aber fehlt bei sonst völlig gleicher Reihenfolge der Götter die Anrufung von Salm und von Nindar. Nun wird Nebo später im Texte unserer Inschrift so oft angerufen, dass man unmöglich annehmen kann, sein Name sei im Eingange derselben absichtlich weggelassen; man wird viel eher vermuthen dürfen, dass an jener Stelle einfach durch ein Versehen des Steinmetzen zwei Zeilen ausgefallen sind, welche die Anrufung von Salm und Nindar enthalten hätten. Es würde dann auch für Sendschirli völlige Übereinstimmung zwischen den Götternamen und den Beizeichen vorhanden sein. Das Relief von Nahr el Kelb und die Berliner Sargon-Stele können hier überhaupt nicht herangezogen werden, weil die in Frage kommenden Zeilen beider Inschriften zu schlecht erhalten sind; es kommen für uns also nur mehr die drei Londoner Stelen in Betracht; von diesen hat die des Šamši-Rammân eine völlig untypische Inschrift, in deren Eingang die sonst übliche Anrufung der Götter durch einen langen Hymnus auf Nindar ersetzt ist; auch diese Stele kann unsere Betrachtung daher nicht fördern; wir werden höchstens annehmen können, dass Šamši-Rammân seine Götter einfach von der Stele seines Grossvaters Assurnâszirpal direct übernommen hat, mit deren fünf Beizeichen die seinen auch selbst in der Anordnung völlig übereinstimmen.

Hingegen können wir auf der Stele Assurnâszirpal's drei der Götternamen, Aššur, Sin und Šamaš mit drei Beizeichen zusammenbringen, so dass für Rammân und Ištar noch das Blitzbündel und die gehörnte Mütze übrig bleiben; natürlich kann jenes nur Rammân gehören, so dass die heilige Kopfbedeckung (in Übereinstimmung mit Bavian) der Ištar zufällt. Dass Rammân hier durch ein Blitzbündel, bei Sanherib und Asarhaddon aber durch Zwillinge vertreten ist, könnte wohl durch die lange Zeit von fast zwei Jahrhunderten zu erklären sein, die dazwischen liegt; es wird dies aber auch sonst in den so verwickelten Anschauungen der babylonisch-assyrischen Mythologie begründet sein, auf die hier einzugehen besser vermieden wird.

Schwieriger noch gestaltet sich der Vergleich bei der Stele Salmanassar's, dem sogenannten Kurch-Monolithen. Zwar können wir bei diesem sofort vier Götter Aššur, Sin, Šamaš und Ištar mit ihren vier Beizeichen herausheben; hingegen ergibt sich eine ernsthafte Schwierigkeit, wenn wir versuchen, auch den drei anderen Göttern, Anu, Bel und Ea zu richtigen Beizeichen zu verhelfen. Die vorhandenen Abbildungen sind ganz ungenügend und auch das Original scheint gerade an der entscheidenden Stelle so schlecht erhalten zu sein, dass sich mit Sicherheit nichts ermitteln lässt. Würde auch ein Zeichen, das auf den Abbildungen einem umgekehrten Blitzbündel zu gleichen scheint, leicht zwischen Anu und Bel zu theilen sein, so ergibt sich doch eine wirkliche Schwierigkeit darin, dass Ea dann mit den Plejaden zusammenkäme. Indem auch diese Frage den Mythologen zur Entscheidung überlassen bleibt, die hoffentlich auch ermitteln können, in welchem Zusammenhange die wie Orden oder Amulete aussehenden kleinen Beizeichen, welche Assurnâszirpal, Salmanassar und Šamši-Rammân um den Hals tragen, mit den grösseren Beizeichen der Monolithe stehen, muss es einstweilen offen bleiben, ob überhaupt bei allen assyrischen Stelen

Götternamen und Beizeichen sich decken oder nicht. Hingegen kann es als ein sicheres Ergebniss der vorstehenden Untersuchung aufgestellt werden, dass die zwölf Beizeichen unseres Sendschirli-Monolithen den folgenden zwölf Göttern entsprechen: Aššur, Anu, Bel, Ea, Sin, Šamaš, Rammân, Merodach, Nabu, Nindar, Ištar und Nirgal.[1]

Es erübrigt noch, die beiden Figuren zu beschreiben, mit denen die Schmalseiten unseres Denkmals geschmückt sind; sie sind ungefähr gleichweit von dem oberen wie von dem unteren Rande der Schmalflächen entfernt, beide nach vorn gewandt und etwa 1.5 m

hoch. Beide sind bärtige Männer in vornehmer, anscheinend königlicher Tracht, aber in devoter Stellung, die besonders durch eine höchst bezeichnende Haltung der Hände zum Ausdruck gebracht ist: gerade die Hände sind zwar bei beiden Figuren mit grossem Ungeschick gebildet, das bei der guten Technik und der ernsten Würde des übrigen Bildwerkes um so mehr auffällt, aber ihre Haltung ist doch unverkennbar dieselbe, die noch heute überall im westlichen Asien als Zeichen tiefster Unterwürfigkeit angenommen wird.

In der Tracht, vergl. Tafel III, sind die beiden Figuren von einander etwas verschieden; die auf der rechten Schmalseite, also die nach links gewandte, hat genau denselben hemdartigen Rock mit den schweren Quasten und darüber das zweite Kleidungsstück mit den langen Fransen, wie auf der Vorderseite Asarhaddon selbst; wir sehen sogar, weil unsere Figur uns ihre linke Seite zuwendet, was wir für die Kleidung Asarhaddon's nur vermuthen konnten, dass dieser Überwurf den linken Arm ganz frei lässt und unter ihm hindurch nach der rechten Schulter geführt wird. Ganz abweichend ist aber die Kopfbedeckung: das Haupthaar ist in der ganzen Scheitelgegend frei sichtbar und wird nur durch ein breites diademartiges Band gehalten, das dann vom Hinterkopf an bis zu den Hüften lose herabhängt; es ist oben mit denselben concentrischen Kreisen geschmückt, wie sie auch die Kopfbinde Asarhaddon's zieren und endet unten mit einer Kante, die gleichfalls eine Reihe von Kreisen zeigt und dann mit einem breiten Fransensaum abschliesst.

Die Füsse stecken nicht in Bundschuhen, wie bei Asarhaddon, sondern tragen regelrechte Sandalen, hinten mit hoher, über die Knöchel reichender Kappe, vorn mit einem breiten Ringe für die grosse Zehe; diese Sandalen werden noch ausserdem, wie dies auch sonst in der Sargoniden-Zeit vorkommt, von drei Riemen oder Bändern gehalten, welche von der Fersenkappe ausgehend über den Fussrücken verlaufen.

Die Bildung des Gesichtes und die Haartracht sind genau dieselben wie auf dem Bilde der Vorderseite, nur ist das Haar weniger reichlich und die Zahl der Locken gleichmässig geringer. Auch der Ohrring ist einfacher als der Asarhaddon's und besteht aus einem einzigen grossen Tropfen, der von einem breiten Ringe herunterhängt; nur das Armband gleicht völlig dem des Grosskönigs.

Die nach rechts gewandte Figur der linken Schmalseite stimmt mit ihrem Gegenüber in vielen Punkten völlig überein; Ausdruck und Bildung des Gesichtes, Haartracht, Ohrring und Armband, sowie die bereits oben besprochene Haltung der Hände sind bei beiden Figuren völlig gleichartig; abweichend ist bei der zweiten zunächst das diadem-

---

[1] Oder in der Reihenfolge aufgezählt, in der oben S. 17 ff. die Beizeichen beschrieben worden sind: Merodach, Ištar, Nabu, Nindar, Anu, Bel, Ea, Rammân, Sin, Aššur, Šamaš und Nirgal.

artige Band, da es nur aus einem ganz schmalen Streifen besteht, der auf beiden Rändern dicht mit dreieckigen Zacken besetzt ist; im Übrigen hängt es, wie bei der Figur der anderen Seite, hinten fast bis an die Hüftgegend herab. Eine andere Abweichung besteht in dem gänzlichen Fehlen des Überwurfes mit den Fransen; unsere Figur trägt allein nur einen hemdartigen Rock mit ganz kurzen Ärmeln; hinten ist dieser in einige schlichte Falten gelegt, vorn völlig glatt; der untere Saum trägt durchaus die schweren bis an die Knöchel reichenden Quasten, welche auch bei der ersten Figur und bei Asarhaddon selbst unter dem Überwurf sichtbar sind; es ist das Fehlen eines Überwurfes hier nicht unwichtig, weil es uns manche sonst verborgene Einzelheit in der Tracht des Grosskönigs besser verstehen lässt. Noch wäre auf die Stellung der Füsse hinzuweisen; die zuerst beschriebene Figur hat den rechten, die andere den linken Fuss vorgesetzt.

Die Frage, die sich uns nun zunächst aufdrängt, ob wir es hier mit einheimischen, d. i. assyrischen Würdenträgern oder mit ausländischen, und dann natürlich syrischen Königen zu thun haben, ist schwer zu beantworten. Die Grossen des assyrischen Reiches pflegten meist mit umgehängtem Dolche vor ihrem Herrn zu erscheinen, wie aus sehr zahlreichen Darstellungen hervorgeht; ebenso werden sie fast niemals mit gefalteten Händen dargestellt; gewöhnlich haben sie die rechte Hand erhoben und die linke auf den Dolchgriff gestützt. Aus der Tracht der beiden Figuren ist sonst für unsere Frage kaum etwas sicheres zu entnehmen; dass sie nicht die hohe Kopfbedeckung der assyrischen Könige trugen, ist völlig belanglos — zunächst könnten sie ja überhin keine assyrischen Herrscher sein, sondern nur kleine syrische Duodez-Fürsten; ausserdem aber kennen wir verschiedene Darstellungen auch von assyrischen Grosskönigen, auf denen diese bloss mit einem einfachen Diadem geschmückt sind. Ich erinnere nur an Assurbanipal in der Weinlaube und an ein anderes Relief von Kujundschuk, auf dem der König einen Löwen mit dem Dolche tödtet.

So scheint Manches dafür zu sprechen, dass wir es hier nicht mit assyrischen Würdenträgern zu thun haben; diese würden bewaffnet dargestellt sein und weniger demüthig. Es ist daher wahrscheinlich, dass wir auf diesen beiden Schmalseiten zwei syrische Könige vor uns sehen, welche klüger als Ba'alu von Tyrus gewesen waren und rechtzeitig ihren Frieden mit Asarhaddon gemacht oder erneuert hatten. Jemand, der in der syrischen Geschichte jener Zeit besser als ich Bescheid weiss, wird wohl auch ihre Namen angeben können; in der Inschrift des Monolithen, soweit sie lesbar ist, findet sich meines Wissens kein Hinweis auf dieselben.

Anhangsweise sei hier noch eine zweite assyrische Stele erwähnt (s. Fig. 9), welche gleichfalls in Sendschirli gefunden ist. Sie stammt aus dem (auf dem Plane S. 10 mit G bezeichneten) Nordost-Palast und ist so schlecht erhalten, dass davon abgesehen wurde, sie zu transportiren; sie wurde daher an Ort und Stelle belassen. Allein unter allen Sculpturen aus Sendschirli ist diese Stele nicht aus Dolerit, sondern aus weissem Kalkstein; sie ist, ohne den Zapfen, 1.90 m hoch[1] und hat durch heftiges Feuer, dem sie, wie der ganze Palast, in dem sie gefunden worden, ausgesetzt war, so gelitten, dass ihre ursprüngliche Oberfläche fast überall völlig verschwunden ist. Zudem hat nur das kleine untere Bruchstück in etwas grösserer Tiefe und mit der Bildfläche nach oben gelegen; die Füsse sind also noch leidlich erhalten; hingegen lag das obere grössere Stück mit der Bildseite nach oben und fast ganz oberflächlich, so dass Luft und Wasser die Zerstörung fortgesetzt haben, mit der das Feuer begonnen. Von Inschrift ist jetzt nirgends eine Spur zu sehen, auch Beizeichen sind nicht bemerkbar; aber die Zerstörung des Denkmals ist eine so tiefgehende, dass Schrift und Sternbilder leicht vorhanden gewesen und doch spurlos verschwunden sein können.

---

[1] Breite 0.79 m, Dicke 0.23 m, Zapfenbreite 0.40 m.

    Dass die Stele einen Sargoniden dargestellt hat, ergibt sich aus der Form der
Sandalen; diese ist dieselbe, wie sie eben an den Figuren der Schmalseiten der grossen
Stele beschrieben worden ist und für die spätere Zeit charakteristisch, während früher
eine völlig andere Form in Gebrauch war, wie sich aus zahlreichen Reliefs von Assurnâszirpal ergibt. Irgend eine weitere Datirung ist aus dem Bildwerk selbst nicht mehr
zu ermitteln; was sich aus der Baugeschichte des Nordost-Palastes für den Ursprung des
Denkmals erheben liess, wird später mitgetheilt werden. Übrigens ist es nicht gelungen,
den Sockel desselben nachzuweisen, so dass uns der genaue Aufstellungsplatz der nicht
unmittelbar in situ aufgefundenen Stele unbekannt geblieben ist.

FELIX VON LUSCHAN.

Fig. 14. Sockel der Asachaddon Monolithen. 1 g. d. n. Gr.

Fig 11. Tempora der Statut Inschrift. Februar 1890.

II.

INSCHRIFT ASARHADDON'S, KÖNIGS VON ASSYRIEN.

HERAUSGEGEBEN VON EBERHARD SCHRADER.

— ✤✤✤ —

Das assyrische Siegesdenkmal von Sendschirli,[1] die Stele Asarhaddon's, Königs von Assyrien (681—668 v. Chr.),[2] nimmt unter den bis jetzt bekannt gewordenen assyrisch-babylonischen Denkmälern dieser Art schon durch seine Grösse eine besonders hervorragende Stellung ein: die Grösse der Stele beträgt 3½ m in der Höhe und etwa 1½ m in der Breite, bei ½ m Tiefe,[3] während z. B. die Sargonsstele des Königl. Museums[4] nur 2.09 m in der Höhe und 0.68 m in der Breite aufweist. Einzigartig unter allen übrigen assyrischen Königsstelen steht sie aber auch durch die bildlichen Darstellungen da, mit welchen sie bedeckt ist. Zwar das Königsbild selber ist in der bei diesen Stelen althergebrachten Weise gehalten. Der König steht da in feierlichem Prachtgewand, die Linke den Streit-kolben[5] haltend, die Rechte, welche einen nicht sicher zu bestimmenden (becherartigen) Gegenstand umfasst hält[6], in anbetender Stellung erhoben. Die Tiara auf dem Haupte des Königs ist die der späteren Zeit seit Sargon, mit noch reicherem Schmuck. Zum ersten Male erscheint hier auf einer Stele die Darstellung, wie der König je an einer durch die Lippe eines jeden gezogenen Schnur zwei Gefangene hält, die ihrerseits in um Gnade flehender

---

[1] رسجن (Sacnav).

[2] Für den Ort der Entdeckung, das Material der Stele und alles die Auffindung derselben Betreffende verweise ich auf Cap. 1.

[3] Nach den von Herrn Dr. L. Abel auf meinen Wunsch gütigst vorgenommenen Messungen beträgt die Höhe vorn bei der gegenwärtigen Aufstellung, bei welcher das Denkmal um 6 cm in den Sockel eingelassen ist, 316 cm; die Breite vorn über dem mittlern Kopf 136 cm; hinten Z. 40 133 cm; die Tiefe links unter dem Arm der Figur 56 cm; ebenda ganz unten 62 cm; die Tiefe rechts unter dem Arm 49 cm; ebenda ganz unten 52 cm.

[4] S. über sie unsere Abhandlung: die Sargonsstele des Königl. Museums zu Berlin (Abhdl. d. Königl. Akad. d. Wissenschaften aus dem Jahre 1881, Berlin 1882. 4°) mit Inschrift in photographischer Nachbildung. Eine recht wohl gelungene Abbildung der Stele findet der Leser in Riehm's Bibl. Handwörterbuch II (1884) Art. Sargon.

[5] Vergl. über die masse d'armes bei Babyloniern und Assyrern L. Heuzey in Revue archéol. 3.sér. t. X (1887) p. 259 ss.; XVII (1891) p. 150 ss.

[6] Er begegnet uns, in derselben Weise gehalten, auf einem den König Asurbanipal, Asarhaddon's Nachfolger, darstellenden Reliefbilde des Nord-Palastes von Kujjundschick (s. Passor und Chipiez, histoire de l'art dans l'antiquité, Paris 1882 ss., II, p. 549); ähnlich auch (Streitwagen?) auf dem Relief des Berliner Merodachbaladan-Steins (VA Nr. 2663), wo er aber etwas gekrümmt und gerippt ist. Der Genannte möchte eher an einen kurzen Wedel gedacht wissen.

Stellung abgebildet sind. Ähnliche Darstellungen auf Reliefs waren allerdings schon früher bekannt.[1] Zu beachten ist dabei, dass der Meissel des die Inschrift einhauenden Tafelschreibers auch über die Fleischtheile der Gefangenen, eingeschlossen (bei dem zweiten) das Gesicht, hinläuft, während das Gesicht des Königs selber — wie auch sonst — und überhaupt sein Körper bis zur Hüfte herab von dieser Misshandlung frei bleibt.

Von den so als Gefangene bezw. Besiegte gekennzeichneten Personen trägt die vordere, knieende auf der Stirne die Uräusschlange, durch welche dieselbe als ägyptischer König (vergl. Inschrift!) gekennzeichnet wird. In dem in ähnlicher Stellung dahinter verharrenden Gefangenen haben wir vermuthlich einen anderen (syrischen?) besiegten und gefangenen Fürsten zu sehen.

Während nun aber zu Häupten des Königs bei den übrigen uns bekannten analog stilisirten Stelen der assyrischen Könige, auch bei Sargon, Asarhaddon's Grossvater, ob des Antlitzes des Königs in der Regel die heiligen Embleme der Sonne, des Mondes, der Sterne, des Donnerkeils u. s. w. erscheinen,[2] begegnen wir hier zum ersten Male auf einer Stele an genau derselben Stelle solchen mythologischen Darstellungen, welche uns schon längst, aber lediglich aus viel späterer Zeit datirend, nämlich durch das Felsenrelief zu Boghazköi in Nordost-Galatien bekannt waren, und die seit lange die Aufmerksamkeit der Geographen, Historiker und Archäologen auf sich gelenkt haben (s. H. Kiepert in Ritter's Erdkunde von Asien XVIII [am Schluss]; Perrot und Chipiez a. a. O. IV. p. 637; vergl. aber auch das Felsenrelief Sanheribs zu Bavian nördlich von Niniveh (Layard, Niniveh u. s. Überreste, D. A. 263 ff.; Niniveh und Babylon D. A. 156 ff.; monuments of Niniveh II. ser. pl. 51; Perrot und Chipiez II. p. 637), sowie das Felsenrelief von Malthai (s. u.).

Dem Antlitz bezw. der Tiara des Königs zugewandt sehen wir in zwei Feldern untereinander je zwei kraft ihrer Embleme göttliche Wesen darstellende menschenartige Figuren hintereinander auf Thieren schreitend, hinter dieser Gruppe die Mondsichel, die geflügelte Sonnenscheibe und einen sechszehnstrahligen Stern, darunter eine complicirte Darstellung andersartigen Charakters.[3] Vor dem oberen Felde links waren — nach der Gruppirung zu urtheilen — sieben Kugeln bezw. Ringe angebracht. Jetzt sind klar nur die eröffnende erste und von den oberen drei die erste und letzte, sowie von den unteren drei die erste zu erkennen, während die mittlere der drei oberen und von den unteren drei die beiden letzten kaum noch in ihren Spuren zu verificiren sind. Diese sieben Kugeln erscheinen neben anderen göttlichen Symbolen auch sonst namentlich auf babylonischen oder assyrischen Siegelcylindern z. B. auf dem von mir veröffentlichten S. 108 des Riehm'schen Handwörterbuchs des biblischen Alterthums, ebenso auf einer Reihe von Siegelcylindern des hiesigen Museums. Die Beziehung auf die Siebenzahl der Planeten (als Gesammtheit?) drängt sich auf.

Von den menschenähnlichen Figuren zunächst des oberen Feldes könnte die erste, durch ihren Bart als männliche Gottheit charakterisirte, welche auf einem Paar von Thieren (Hunden?)[4] steht bezw. schreitet, den Gott Šamaš darstellen, zumal der kreisrunde Gegenstand, den er in der linken Hand hält, die Sonnenscheibe bezeichnen könnte (vergl. den kreisrunden Gegenstand, den der Gott Šamaš auf dem Steine von Sipar = Abû-Habba in der Hand

---

[1] G. Rawlinson, ancient monarchies, 2. ed., 1, 263.

[2] Anders allerdings z. B. bei Tiglath-Pileser I auf dem Felsenrelief an der Quellgrotte des Sebeneh-Su, s. die Abbild. in Schrader, die Keilinschriften am Eingange der Quellgrotte des Sebeneh-Su (aus den Abhdl. der Akad. d. Wiss. vom Jahre 1885) Berlin 1885.

[3] Es versteht sich, dass ich über diese bildlich-religiösen Darstellungen hier lediglich vom assyriologischen Standpunkte aus mich verbreite. Für das Archäologische im engeren Sinne verweise ich auf Cap. I.

[4] Vergl. die beiden Thiere auf der mehrfach analogen Darstellung auf dem Felsenrelief von Bavian (Sanherib); z. dann Perrot-Chipiez II. p. 638: »des animaux, qui ressemblent à des chiens«. Steindorff sieht in dem vorderen ein Fabelwesen mit eigenthümlichem gehörnten Schlangenkopf und einem Schwanze in Form einer Schlange; die Vorderbeine sind Löwentatzen, die Hinterbeine Vogelkrallen. (Vergl. die Photographie!) Das hintere Thier des Paars scheint ihm wenigstens am wahrscheinlichsten ein Stier (s. u.) zu sein.

führt; s. d. Abbild. in H. RAWLINSON, the cuneiform inscriptions of Western Asia vol. V pl. 60.
Die hinter ihm folgende, auf einem Löwen thronende bartlose (weibliche?) Gottheit, mit
fünf auf dem Rücken hinlaufenden Kugeln (was vorstellend?), wird die Istar repräsentiren.
Wiederum auf dem Rücken eines der oben erwähnten Thiere (s. Anm. 4 S. 31) stehend erscheint
ein männlicher Gott, vielleicht der Mondgott Sin? — Den Beschluss macht, auf einem Stier
stehend, der Wettergott Rammân, den Donnerkeil in der vorgestreckten Rechten haltend.
Vergl. hierzu die Darstellung auf dem von mir veröffentlichten babylonischen Siegeleylinder
eines Verehrers des Rammân bei RIEHM a. a. O. 1294.

Von den Emblemen, rechts von diesen Darstellungen, ist das oberste als Mondsichel
nicht zu verkennen; darunter folgt die geflügelte Sonnenscheibe;[1] endlich der sechszehnstrahlige Stern = Venus-Istar.[2] Die untere Gruppe enthielt vier Embleme: eine Stange,
die von einem Pinienzapfen, an dem 2 Bänder herabhängen, bekrönt wird (STEINH.),[3] zwei
aufrecht- und nebeneinanderstehende Balken oder Pfähle,[4] einen Stab, der aber oben nach
links in einen Widderkof umbiegt und unten in eine Hand endet (STEINDORFF), endlich eine
Säule, welche in zwei einander abgewandte Löwenköpfe ausläuft und mit einem Pinienzapfen oben abschliesst. Die Siebenzahl der Embleme, zusammengehalten mit der Siebenzahl
der Kugeln (s. o.), führt auf die Annahme, dass wir in denselben die der 7 Planetengötter
vor uns haben. Die des Mondes, der Sonne, der Venus sprechen für sich selbst. Für die
übrigen verweise ich auf Cap. I, wo deren Deutung versucht worden ist.

Wir fragen: Wenn die sieben Kugeln und die sieben Embleme auf die sieben
Planeten bez. die mit ihnen in Verbindung gebrachten Gottheiten in irgend einer Weise
hindeuten, wie steht es mit den auf den Thieren stehenden vier Göttergestalten? —
Sämmtliche vier bildlichen Darstellungen kehren wieder auf dem Felsenrelief von Malthaï.[5]
Dieselben können schlechterdings nicht von einander getrennt werden, wie bereits STEINDORFF
(gemäss gütiger mündlicher Mittheilung) erkannt hat. Dieselben ergänzen sich durch drei
andere, welche auf dem Denkmale zu Sendschirli fehlen, zu ihrer sieben. Den Anfang
macht beide Male in der ersten Reihe ein Gott auf einem Stier (?) und einem Fabelwesen
mit Schlangenschwanz, Löwentatzen und Vogelkrallen (s. o.). Es folgt eine auf einem Stuhle
thronende Gottheit auf dem Rücken eines Löwen. Die zweite Reihe hebt auf der Asarhaddonsstele mit einer auf einem ähnlichen Fabelwesen wie das erste (vergl. ob. S. 31 Anm. 3)
stehenden Gottheit an, welcher, auf einem Stiere stehend, der den Donnerkeil führende Gott
folgt, während in Malthaï dieser als die sechste Gottheit auf einem nähere zu bestimmenden
Thiere stehend auftritt (in allen drei dort sich wiederholenden Darstellungen).

Vielleicht hat der assyrische Künstler auf der Asarhaddonsstele des Raumes wegen
statt der sämmtlichen 7 Gottheiten nur 4 darstellen können und wollen und zu diesem
Zwecke die 7 Gottheiten in zwei Reihen zu 4 und 3 zerlegend, je die beiden vorderen
gewählt. Dann würden allerdings Nr. 1 und 2 der oberen Reihe der Asarhaddonsstele der
Nr. 1 und 2 der sieben Gottheiten von Malthaï und Nr. 1 und 2 der unteren Reihe der Nr. 5

---

[1] Auf diese Deutung führt nach G. STEINDORFF die Analogie der parallelen ägyptischen Darstellungen.

[2] Vergl. hierzu die bildliche Darstellung auf der Steintafel von Abû-Habba = Sippar (V. RAWL. 60), wo
Sonnenscheibe, Mondsichel und die beiden Sternbilder mit je acht, zusammen 16 Strahlen, augenscheinlich Sonne,
Mond und Venus-Istar repräsentiren, entsprechend der darüber stehenden Keilinschrift, welche Sin, Samaš, Istar
nebeneinander namhaft macht.

[3] Eine Palme kann es trotz der beiden wie bei Palmen herabhängenden Büschel nicht sein, dieses
wegen der gänzlich pinienartig gehaltenen Krone. Sonst s. über die Palme als heiligen Baum und den Baumcultus
bei den Semiten überhaupt v. BAUDISSIN, Studien zur semitischen Religionsgeschichte. Leipzig 1876 ff. II, 210 ff.;
SCHRADER in Monatsbericht der K. Akad. d. Wiss. zu Berlin vom 5. Mai 1881 S. 426 ff. (s. Abbildd.).

[4] Über diese (vergl. Baal Chammân), sowie auch über die Ascherim s. v. BAUDISSIN a. a. O. 212, womit
zu vergl. SCHRADER, die Göttin Istar als malkatu und šarratu, in Zeitschr. für Assyriologie III (1888) S. 353 ff.,
insbes. S. 362 ff.; über die phönicisch-kanaanäische Aschêra.

[5] VICT. PLACE, Ninive II, 154; PERROT und CHIPIEZ II, 642.

und 6 zu Malthaï entsprechen. Insoweit würde also auch die Reihenfolge der Götterbilder auf beiden Monumenten dieselbe sein.

Nicht ganz so klar liegt die Sache, fragt man nach der Beziehung der einzelnen Bilder auf einzelne bestimmte Gottheiten. Zwar dass wir es mit planetarischen Gottheiten zu thun haben, darüber lässt die Siebenzahl der Gottheiten zu Malthaï und lassen die 7 Kugeln, sowie die Siebenzahl der Planeten auf der Asarhaddonsstele kaum einen Zweifel. Preusters¹ sieht auf dem Felsenrelief von Malthaï die sieben planetarischen Gottheiten in der Reihenfolge der Wochentage dargestellt, nämlich: Ninip-Saturn, Samas-Sonnengott, Sin-Mondgott, Nergal-Mars, Nebo-Mercur, Marduk-Jupiter, endlich Istar-Venus. Dass Saturn-Ninip die Reihe eröffnen würde, würde nichts verschlagen, da ja ohnehin bei der Aufzählung der Planeten in den Listen auch sonst starke Abweichungen uns begegnen.² Aber allerdings mit einer Identification müsste dann völlig gebrochen werden, derjenigen des den Donnerkeil führenden Gottes mit Rammân (s. o.), da die betreffende Darstellung bei der Annahme Preusters's auf Marduk-Jupiter treffen würde und weiter die sitzende bartlose Figur den (nach Preusters jugendlichen) Samas bezeichnen würde. Dr. Steindorff glaubt die Schwierigkeit durch den Hinweis darauf beseitigen zu können, dass auf den assyrisch-babylonischen Cylindern die Embleme ebenso wie die Aussagen der Siegelinhaber über die als besonders verehrte Specialgottheiten keineswegs übereinstimmen und somit nichts weniger denn als verlässlich zu erachten seien.

Wir begnügen uns mit dem unzweifelhaften, sicheren Resultate, dass die Götterbilder derselben Art sind, wie die Götterbilder des Reliefs vom Malthaï, und sodann, dass beide planetarischer Art sind. Das gilt auch von den 7 Emblemen. An der Spitze der Embleme steht die Mondsichel, ihr folgt die geflügelte Sonnenscheibe, darauf der sechszehnstrahlige Stern. Diese drei sind (s. S. 32) die Symbole des Mondgottes, des Sonnengottes und der Istar-Venus. Die Reihenfolge ist dieselbe, wie auf dem Denkmal von Sippar-Abu-Habba V. Rawl. 60 Überschrift: Sin, Samas, Istar. Diese stimmt aber bei Preusters's Deutung schlechterdings nicht zu der Reihenfolge der 3 ersten Götter auf dem Denkmale von Malthaï (s. o.).

Worauf die einzelnen Embleme der vier unteren, in horizontaler Richtung neben einander stehenden Sinnbilder (s. o.) sich im Einzelnen beziehen, vermag ich, wie bereits bemerkt, nicht zu sagen; doch s. v. Lescuan's Versuch ihrer Deutung in Cap. I, und vergl. die älteren und jüngeren bezüglichen Ausführungen von Oppert, Sayce, Epping, Jensen, Hommel.

Die Bekleidung und Gewandung des Königs ist die in späterer Zeit übliche und typische. Nur erscheint Manches reicher und mannigfaltiger. Es gilt das namentlich von der Tiara, welche in dem unteren Haupt-Theile in fünf Felder getheilt ist, von denen das erste, dritte und fünfte Rosetten, die wir uns wohl farbig oder vergoldet vorzustellen haben, anzeigen. Auch der obere Aufsatz, die Spitze der Tiara, ist nochmals in Felder oder Abtheilungen getheilt. Haar- und Bartfrisur, Arm- und Ohrschmuck sind die typischen. Auch die Haltung der Fürsten, sowie die Gewandung ist im Übrigen die hergebrachte.

Der mit der Linken gefasste Streitkolben (s. o.) ist der bekannte. In der erhobenen Rechten hält der König einen becherartigen (? s. o.) Gegenstand, welchen wir auch bei einer Darstellung Asurbanipal's begegnen, wie er auf seinem Wagen stehend umherfährt (s. Perrot-Chipiez II, 549 pl. X). Auch hier hält der König den betreffenden Gegenstand in der erhobenen Rechten. Ich füge noch hinzu, dass auch die ganze Ausführung der Stele und Einlassung der Figur, bez. der Inschrift in einen (erhöhten) Rahmen durchaus die hergebrachte, nach alten Mustern beibehaltene ist.

---

¹ O. Preusters, pseudobethlitische Kunst. Berlin 1889. S. 17.

² Vergl. übrigens auch den Sabbat-Saturn-Tag bei Juden und Lateinern und s. Schrader in Theol. Studd u. Kritt. 1867, S. 337 ff.

Bemerkenswerth ist, dass auch die Seitentheile der Stele mit Sculpturen bedeckt sind (auf der Sargonsstele des Königl. Museums befindet sich hier der historische Theil der Inschrift eingegraben, der sich dann auf der verloren gegangenen oder vielmehr abgesägten Rückseite fortsetzte.[1] Auf den beiden Seiten erscheint in verehrender Stellung je ein hoher Würdenträger, welche aber durch ihre Kleidung wiederum als verschiedenartig kenntlich gemacht werden.

Die Inschrift, mit welcher die Stele auf der Vorder- und Rückseite bedeckt ist, beginnt auf der Vorderseite um die Hüftgegend der Figur links am Rand und läuft dann, genau wie bei der Sargonsstele des Königl. Museums, auch über den Leib bez. die Gewandung der Figur selber hin. Dass auf die an einem durch die Lippe gezogenen Strick gehaltenen gefangenen Könige oder Dynasten in dieser Beziehung weniger Rücksicht genommen wird, bemerkten wir schon oben (S. 31); hier läuft die Schrift auch über Kopf und theilweis Gesicht der Person fort.

Die Inschrift, insgesammt 93 Zeilen umfassend (35 Zeilen die Vorderseite, 58 Zeilen die Rückseite), ist theils als Avers auf der das Bild bietenden Seite, theils als Revers auf der Rückseite der Stele eingegraben (s. o.). An den Seiten findet sich (s. o.) Inschriftliches nicht, abgesehen von den assyrischen Schlusszeichen des letzten Wortes der ganzen Inschrift: (lu)-la-'-it, sowie des Ausganges der drittletzten Zeile, dieses gemäss assyrischen Schreibgesetzen, die Wortabtheilung verbieten und so den Steinmetzen über das Ende hinauszugehen nöthigten.

Von den beiden Theilen der Inschrift ist der des Averses — wie ebenso die bildliche Darstellung — im Ganzen vortrefflich erhalten. Nur in der Mitte der Inschrift sind hier über vier bez. fünf Zeilen links, über drei bez. vier Zeilen rechts (bei der zweiten der knieenden Figuren) beschädigt. Anders steht es bei der Rückseite, wo das ganze obere Viertel der Inschrift stark gelitten hat (das Nähere zeigt die Photolithographie und die Autographie der Inschrift). Immerhin ist es mit Hülfe der gelegentlich erhaltenen einzelnen Zeichen und Zeichengruppen mehrfach möglich gewesen, auch hier grössere oder kleinere Partien der Inschrift noch wieder herzustellen, wie die Transscription an die Hand giebt. Dass auch sonst da, wo der grosse verticale Bruch in der Mitte der Inschrift sichtbar ist oder wo überhaupt Brüche auf dem Steine zu constatiren sind, mehrfach Beschädigungen der Inschrift stattfanden, überrascht nicht. Für die Entstehung dieser Beschädigungen und Brüche siehe das Nähere in dem Berichte des Herrn v. Luschan über die Ausgrabung und den Zustand der betreffenden Fundstücke bei ihrer Blosslegung in Cap. I.

Der Inhalt der Inschrift ist im Eingange (Vorderseite Z. 1—12) der Anrufung von Hauptgottheiten der Assyrer: des Asur, Anu, Bel, Ea, Sin, Samas, Ramanu, Marduk, der Istar und endlich — als Nr. 10 — der Gottheit Sibi gewidmet (s. Anm.). Alsdann folgt (Z. 13—35) der Name des Königs Asur-aḫ-iddin mit einer Reihe von Epithetis, die sich auf seine Frömmigkeit, sowie seine Sieghaftigkeit beziehen.

In dem durch den Zahn der Zeit und die Ungunst der Verhältnisse arg mitgenommenen Kopftheile des Reverses, nämlich Z. 1—15, scheint, nach den lesbaren Buchstaben- und Wortresten zu urtheilen, eine zusammenfassende Übersicht über die Grossthaten des Königs gegeben zu sein, welche jene Epitheta gewissermassen concret erläuterte. Mit Vs. 16 beginnt die Genealogie des Königs, der sich als Sohn des Sanherib und Spross oder Abkömmling des Bilbâni, Sohnes des Adasi, bezeichnet, welcher (Bilbâni) einst die Herrschaft über Šumir und Akkad, d. i. Babylonien aufgerichtet habe (Vs. 17 ff.).

Durch den sich hier anschliessenden Abschnitt Vs. 20—31a, welcher, stellenweis verstümmelt, in den ihrem Sinne nach klaren und unmissverständlichen Stellen deutlich den Hinweis auf die Niederwerfung der empörerischen Könige und Fürsten des Reiches

---

[1] Auf der Bildseite der Sargonsstele befand sich lediglich der den Aoruf der Götter enthaltende Anfang der Inschrift.

enthält, bahnt sich der König den Übergang zu dem eigentlichen Haupttheile der ganzen Inschrift, zu dem Berichte über den Zug des Königs nach Aegypten, den er auf das Geheiss der Götter unternommen darstellt, über die Besiegung des Tarkû-Thirhaka, Königs von Aegypten und Kusch-Nubien, die Einnahme von Memphis, der Hauptstadt des Tarkû, die Wegführung der Gefangenen, darunter des ägyptischen königlichen Prinzen Uŝanaḫuru (Z. 44), und der gemachten Beute, sowie darüber, dass er das Land unter eine Anzahl von Statthaltern und Verwaltern gestellt, endlich ihm einen bestimmten jährlichen Tribut auferlegt habe (31 b — 51 a).

Den Schluss macht Vs. 51 b — 58 der Bericht über die Anrichtung einer steinernen Siegestafel seitens des Königs, eben unserer Stele, zum Andenken an seine Ruhmesthaten, wobei es an den üblichen Flüchen und Wünschen nicht fehlt.

Durch den skizzirten Inhalt der Inschrift ist auch bereits im Wesentlichen die Zeit der Errichtung des Denkmals mit bestimmt. Allerdings nämlich hat Asarhaddon (681 [babyl. Chr. 680¹] — 668 v. Chr.) drei Züge nach Aegypten unternommen: einen solchen gemäss der »babylonischen Chronik« (veröffentlicht von H. Winckler in Zeitschrift für Assyriologie II (1887) S. 148 ff.; Keilinschr. Bibl. II, 1890 S. 272 ff.; von Theoph. G. Pinches in Journal of Roy. Asiat. Soc. 1887 XIX, 655 ss.; vergl. Proceedings of the Soc. of Bibl. Arch. 1884 p. 198 ss., sowie die Nachträge von C. Bezold ebend. 1889 S. 181 ff.) im 7. Jahre seiner Regierung; einen zweiten im 10. Jahre, einen dritten im 12. Jahre (nach Rechnung der babylonischen Chronik). Da er aber lediglich bei dem zweiten Memphis einnahm, nur bei diesem der Sohn des Pharao in die Gewalt des Assyrers gerieth (s. Inschr. Rev. 42, vergl. babyl. Chronik Col. IV Z. 26 ff.), er auf dem dritten begriffen aber starb (babyl. Chronik. a. a. O. Z. 30 flg.), so kann auch unsere Inschrift nur auf den zweiten Feldzug sich beziehen und jedenfalls erst nach Beendigung desselben aufgesetzt sein. Das Denkmal wird in der Zwischenzeit zwischen dem 10. Regierungsjahre des Königs (Rechnung der babylonischen Chronik = 670 vor Chr.) und dem Tode desselben, der 668 erfolgte, vollendet sein.²

Die Autographie des assyrischen Textes ist von Herrn Dr. Ludwig Abel nach dem Originale mit gewohnter Sauberkeit angefertigt. Er machte dabei eine Reihe beachtenswerther palaeographischer und textkritischer Observationen, welche derselbe mir zum Zwecke der Verwendung für Erklärung und Verständniss des Textes bereitwilligst zur Verfügung stellte. Ich unterlasse nicht, ihm dafür meinen besten Dank auszusprechen.

Einen gleichen solchen schulde ich dem Herrn Dr. G. Steindorff vom Berliner Museum, sowie Herrn Prof. Dr. P. Jensen in Marburg, welche mich bei der Correctur der Druckbogen freundlichst unterstützten und mir bei diesem Anlasse eine Reihe schätzenswerther Bemerkungen, ein jeder auf seinem Gebiete, zukommen liessen.

Schliesslich sei noch bemerkt, dass Herr v. Lushan und der Unterzeichnete ihre das Monument betreffenden Bemerkungen unabhängig von einander niedergeschrieben haben, in Folge dessen Wiederholungen und gelegentliche Abweichungen in der Auffassung sich nicht ganz vermeiden liessen. Der Leser wird dieserhalb um gütigen Dispens gebeten.

---

¹ Siehe für diese verschiedene Angabe der Zahl der Regierungsjahre (13 bez. 12 Jahre) H. Winckler, Untersuchungen zur altorient. Gesch. 1889, S. 10 ff.

² Vergl. H. Winckler a. a. O. S. 98 ff.

Berlin, im October 1892.

Schrader.

INSCHRIFT AŠURAḪIDDINA'S. KÖNIGS VON ASSYRIEN.

ASSYRISCHER TEXT.

I. VORDERSEITE.

Ašur abil ili ra-'-im šangâ-ti-ia
A-na giš-ru riš-tu-u na-bu-u šu-mi-ia
Bil bâlu ša-ku-u mu-ki-in palî-ia
Ia ir-šu un-du-u mu-šim šindti-ia

5 Sin Nannaru nam-ru un-dam-mi-iḳ idilti-ia
Šamaš daian kami-i u irṣi-tim pa-ri-su purûsi-ia
Ramunin bilu ra-aš-bu mu-na-ḫi-iš unnuludti-ia
Marduk i-lil Igigi u Anunnaki mu-šar-bu-u šarrû-ti-ia
Ištar bâ-lit kabli u taḫdzi a-li-kat i-di-ia

10 (ilu) Sibi(-bi) ili ḳar-du-u-ti su-pi-nu na-ku-ri-ia
ili rabûti kâli-šu-un mu-šim-nun šim-ti
ša ana šarri mi-gir-šu-un i-šar-ra-ku da-mi-an li-i-tma
Ašur-aḫi-iddina šarru rabû šarru dau-nu šar kiššati šar (mâtu) Ašur
šakkanak Bâbili šar (mâtu) Šu-mi-ri

15 u Akkadi šar (mâtu) Kar-dun-ia-aš kâli-šu-un
šar šarri (mâtu) Mu-ṣur (mâtu) Pa-tu-ri-su u (mâtu) Ku-u-si
pa-[li-iš ilu-ti-šu-nu] rabâ-ti
u-šum-[gal?]'-lu ṣi-[i-ru ša] Ašur [Šamaš]
Nabû   [u Marduk] šar šarri

20 la pa-du-u mu-la-'-iš
ik-ṣu-ti la-biš na-mur-[ra-ti]
la a-di-ru šu-uš-uni ḳar-ra-du yit-[ma-lu]
la pa-du-u tu-ḳu-un-tu ru-lu-u dan-dan-uu
mu-kil gir-rit un-li-ki kul-bu na-ad-ru

25 mu-tir gi-mil a-bi a-li-di-šu
šarru ša ina tukul-ti Ašur Šamaš Nabû u Marduk
ili ti-ik-li-i-šu

         i-ša-riš
         it-tal-lak-u-ma
30   ik-šu-du
        ni-išiḳ? iz?)-mat(i)-su
kul-lat la ma-(gi)-ri-i-šu mal-ki la kan-šu-ti-šu kima kani a-pi
u-ḫa-ṣi-iṣ-ma u-šak-bi-sa ši-pu-uš-šu
za-nin nindabî a-na ili rabûti

35 ša pa-laḫ ili u iš-tu-ri . . . . . .

INSCHRIFT ASARHADDON'S, KÖNIGS VON ASSYRIEN.

ÜBERSETZUNG.

I. VORDERSEITE.

Aşur, der Vater der Götter, der meine Priesterschaft liebt,

Anu, der Starke, der Erlauchte, der meinen Namen verkündet,

Bel, der hohe Herr, der meine Regierung eine fest gegründete sein lässt,

Ea, der Kluge, der Weise, der meine Geschicke bestimmt,

5 Sin-Nannar, der Glänzende, der mir huldreich Hilfe gewährt [1],

Şamaş, der Richter des Himmels und der Erde, der meine Entscheidung entscheidet,

Ramman, der gewaltige Herr, der meine Heere segnet,

Merodach, der Fürst der Igigi und Anunnaki, welcher gross macht mein Königthum,

Iştar, die Herrin der Schlacht und des Kampfes, die an meiner Seite einherschreitet,

10 die Siebenheldengottheit, die niederwirft meine Feinde,

die grossen Götter allzumal, die das Geschick bestimmen:

(sie sind es), die dem König, ihrem Liebling, Ruhmesmacht verleihen,

dem Asarhaddon, dem grossen König, dem mächtigen König, dem König von Assyrien,

dem Hochpriester von Babylon, dem König von Sumer

15 und Akkad, dem König von Karduniaş, ihrer aller,

dem König der Könige von Aegypten, Patros und Kuscb,

der da fürchtet ihre] grosse [Gottheit],

dem erhabenen Held(?) Aşur's, des Şamaş,

des Nebo und Merodach, dem König der Könige,

20 der ohne Erbarmen niederschmettert

die Widerspenstigen, der angethan ist mit Majestät,

der da nicht fürchtet Schlachtgetümmel, der vollkommene Held,

der Widerstand (Widerspenstige) nicht schont, der grosse, gewaltige,

der den Strick von Königen hält, der grimmige Hund,

25 der die Rache für seinen Vater, seinen Erzeuger, in's Werk gesetzt hat,

der König, der unter dem Beistande Aşur's, des Şamaş, Nebo und Merodach,

der Götter, seiner Helfer,

in Gerechtigkeit

einherwandelt,

30 seinen festen Plan

erfasste,

die Gesammtheit der ihm nicht Botmässigen, der ihm nicht gehorsamen Könige gleich

apû(?)-Rohr

abschnitt und mit seinen Füssen zertrat,

der Opfergaben sorgsam den grossen Göttern ordnet,

35 der Ehrfurcht vor den Göttern und Göttinnen(?) [pflegt]

[1] Vergl. in den »Anmerkungen« zu dieser Stelle.

2. RÜCKSEITE.

....
.... nu i li ....
.... [ki]-bit Ašur mu .... a . šu ....
i .... ša .... mu-šal-li-mu
  par-ṣi-í .... (mâtu) Ašur .... [ša] ....
a-na aš-ri-šu-nu [u-ti-ru] ..... na-dan .... ši(?)-i-šu
ili rabûti ....
.... šu ina ki .... ti-šu .... la .... du-u-ti a-na .... la ... ti
bâlu-ti-šu .... ru .... qur .....

10 ili šarrd-ni ša kib-rat irbit-ti u-tu-[ak-bi-šn] ši-pu-u-a
..... ? .... rabûti kalli-ši-nu a-na niri-[a] u-šam-[kit] ..... šu(?)
bit-tu u man-da-at-tu ili-šu-nu u-kin ka-šid ai-bi-i-šu
mu-ḫal-li-ḳu ga-ri-i-šu šarru ša tal-lak-ta-šu a-bu-hu-um-ma ip-ši-ta-šn
zi-bu na-ad-ru pa-nu-uš-šu ir-um-ma ar-ki-i-šu ti-ku i-ru-uh(?) .....

15 ta-ḫa-zi-šu dun-nu nab-lu mul-taḫ-mi-ṭu išâti ..? ...
abal Sin-aḫi-irba šar kiššati šar (mâtu) Ašur abal Šarrukîn šar kiššati šar (mâtu) Ašur
šakkanak Bâbili šar (mâtu) Šumiri u Akkadî zir šarru-u-ti da-ru-u
ša Bîl-ib-ni abat A-da-ši mu-kin šarru-u-ti (mâtu) Ašur kudur(?)-ru ..? ...
(maḫâzu) Ašur .... Ašur Šamaš Nabû u Marduk ili rabûti bîl[-šu]

20 im-ḳut-am-ma dan-na-ku dan-dan-na-ku i-til-la-ku šit-ra-ḫa-ku giš-ra-ku
kab-ta-ku šur-ru-ḫa-ku [ina] gi-mir šarrd-ni ša-ni-na ul i-šu-[a]
ni-šit Ašur Nabû u Marduk ni-bit Sin mi-gir A-nim na-ra-am šar-ra-ti
Iš-tar i-lat kal gim-ri kakku la pa-du-u mu-[šam]'-kit mât nu-kur-ti a-na-ku-ma
šarru li-'-i-um kabli u taḫâzi ša-kit da-ad-mi na-ki-ri-i-šu

25 ni-ir ai-bi-i-šu mul-ḫar-mi-ṭu ga-ri-i-šu mu-šak-niš la kan-šu-ti-i-šu
ša nap-ḫar kiš-šat niši i-pi-lu Ašur Šamaš Nabû u Marduk
bili-ia ṣîrûti ša la in-nin-nu-u ki-bit-m-un šarru-u-tum la ša-na-an
a-na šim-ti-in i-ši-mu Iš-tar bi-il-tum ra-'-i-mat šangû-ti-ia
(išu) kaštu dan-na-tu (išu) šar-tu-ḫu gišru mu-šam-kit la ma-gi-ri tu-šat-mi-ḫa.

30 laḳ(?)-tu-u-a bi-ib-lat lib-bi-ia tu-šak-ši-du-an-ni-ma nap-ḫar mal-ki
la kan-šu-ti tu-šak-niš-ša ši-pu-u-a i-nu Ašur bîlu rabûu aš-šu bit-ri-iḫ-ti
da-na-an ip-ši-ti-ia niši kul-lu-mi-am(!)-ma ili šarri ša kib-rat irbit-ti
šarru-u-ti u-šar-ri-iḫ-ma u-šar-ba-a zik-ri šumi-ia ši-bir-ru iz-zu

1 S. in den »Anmerkungen« zu dieser Stelle.

2. RÜCKSEITE.

....
....
...... [Ge]heiss Ašur's ....
.... der zur Durchführung bringt
die Befehle[1] ..... des Landes Assyrien ....
an ihren Ort [zurückbrachte] ....
die grossen Götter.................. ....
....
seiner Herrschaft ....
der ich auf die Könige der vier Gegenden meinen Fuss setzte (eigentl. Causat.),
....?..... die Länder allzumal mir unter[worfen].

Tribut und Abgabe ihnen auferlegt habe; der kriegsgefangen macht seine Feinde,
der zu Grunde richtet seine Widersacher; der König, dessen (Kriegs-) Zug eine Sturm-
fluth, dessen Thaten

vor ihm ein wüthender Wolf *iramma* hinter ihm ein Stoss (?) ......,
dessen gewaltige Schlacht ein zuckendes Verderben, ...

Sohn des Sanherib, des Königs der Schaar, des Königs von Assyrien, Sohnes des
Sargon, des Königs der Schaar, des Königs von Assyrien,

des Hochpriesters von Babylon, des Königs von Sumir und Akkad, des von ewig
her bestimmten königlichen Sprosses

des Bel-ibni, Sohnes des Adasi, des Gründers der Herrschaft von Assyrien, *kudur*(?)-*ru* .....,
Stadt Ašur .... [der vor] Šamaš, Ašur, Nebo und Merodach, den grossen
Göttern, [seinen] Herren,

sich niederwarf. Ich bin mächtig, gar mächtig, erhaben, erlaucht, gewaltig,
gewichtig, majestätisch, [unter] der Gesammtheit der Könige kenne einen Nebenbuhler
ich nicht:

der Hochangesehene des Ašur, Nebo und Merodach, der Verkündete Sin's, der Begnadete
Anu's, der Geliebte der Königin

Ištar, der Göttin der ganzen Gesammtheit, die erbarmungslose Waffe, welche das Feindes-
land niederschmettert, bin ich:

der König, erhaben in Kampf und Schlacht, der die Länder seiner Feinde vernichtet,
ein Joch für seine Feinde, der bezwingt seine Widersacher, unterwirft die sich nicht
Unterwerfenden,

welcher die Gesammtheit der Menschenschaar unter seine Herrschaft gebracht hat, (ich),
dem Ašur, Šamaš, Nebo und Merodach,

meine erhabenen Herren, deren Geheiss nicht gebeugt wird, das Königthum ohne
Gleichen

überwiesen, dem Ištar, die Herrin, die mein Priesterthum liebt,
den mächtigen Bogen, den gewaltigen, die Nichtbotmässigen niederwerfenden Speer
in meine Finger (Hand?) gegeben, meines Herzens Wunsch mich hat erreichen lassen
und die Gesammtheit der Könige,

der nicht unterwürfigen, [mir] unterwürfig gemacht hat. Als Ašur, der grosse Herr, um
die Majestät

der Gewaltigkeit meiner Thaten den Menschen kund zu thun, über die Könige der
vier Gegenden

mein Königthum mächtig, den Ruf meines Namens gross gemacht, einen gewaltigen Stab

[1] Vergl. in den »Anmerkungen» zu dieser Stelle.

a-na ra-sa-ap na-ki-ri u-sa-ad-ba-a i-da-ni ma-n-tu a-na Aŝur

35 *iḫ-ṭu-u u-kal-li-lu i-ki-ṭu a-na ḫa-ba-ti ka-la-li mi-ṣir (mâtu) Aŝur*

ru-ub-ba-ti u-ŝam(?)-mal-lu amilu-ut-n-a iŝtu Aŝur u ili rabûti bili-ia

ik-bu-u-ni a-la-ku ḫarrâni râkilti ŝa(d)-di-i marṣûti u(?) la-ṣi danânti

a-ŝar ṭu-ma-a-mi ina mi-ṣir lib-bi-i[a] ŝal-mit lu at-tal-lak ŝu Tar-ku-u

ŝar (mâtu) Mu-ṣur u (mâtu) Ku-u-si ni-zi[r]-ti ilâ-ti-ŝu-nu rabi-ti' iŝtu (uaḫdzu) la-ḫup-ri

40 *a-di Mi-im-pi maḫdz ŝarrâ-ti-ŝu ma-lak XV û-mi kak-ka-ri û-mi-ŝam la na-par-ka-a*

di-ik-tam-ŝu ma-'-diŝ a-duk u ŝa-a-ŝu V-ŝu ina uṭ-ṣi (iṣu) tar-ta-ḫi

mi-ḫi-iṣ la mub-lu-ṭi am-ḫa-su-ma (maḫ.) Mi-im-pi maḫdz ŝarrû-ti-ŝu ina mi-ŝit û-mi

ina pil-ŝi nik-si na-bal-kat(?)-ti al-mi akŝu-ud ub-lul ak-ṣur ina iŝdti

ak-mu ŜAL. Î. GAL-ŝu ŜAL. SAB. Î. GAL(Pl.)-ŝu² U-ŝa-na-ḫu-ru mdr rûḫlti-ŝu

45 *u ri-iḫ-ti mdri-ŝu mdrâti-ŝu buŝâ-ŝu makkura-ŝu ŝiŝi-ŝu nlpi-ŝu*

ṣi-i-ni-ŝu ina la ma-u-ni (nic!) uŝ-lu-la a-na (mâtu) Aŝur ŝur-uŝ (mâtu) Ku-u-si

ul-tu (mâtu) Mu-ṣur ax-suḫ-ma i-du ina lib-bi ana du-li-li ul i-zib

ina ili (mâtu) Mu-ṣur killi-ŝu ŝarri (amila) piḫâlti (am.) ŝaknûti (am.) rabûurt (am.) ki-pa-a-ni

(am.) ŝa-pi-ri ana iŝ-ŝa-li ap-ḳid ŝat-tuk-ki yi-nu-u ana (ilu) Aŝur u ili rabûti bili-ia

50 *u-kin dil-ri-i biltu u man-da-at-tu bilû-ti-ia ŝat-ti-ŝam lu na-par-ka-a*

i-mid-su-nu-ti (abnu) nard ŝi-fir ŝumi-ia u-ŝi-piŝ-ma ta-nit-ti kar-ru-du-ti

Aŝur bili-ia da-na-an ip-ŝi-ti-ia ŝa ina tukul-ti Aŝur bili-ia at-tal-lak-u-ma

u li-i-tam ki-ŝâd-ti kiŝâd-ia ṣir-uŝ-ŝu u-ŝa-aŝ-ṭir-ma ana tah-rat kiŝ-ŝât na-ki-ri

ana ṣa-at û-mi ul-ziz lu (abnu) nard ŝu-a-tam iŝtu atri-ŝ[u] u-nak-kar-u-ma ŝu-mi ŝaṭ-ru

55 *i-pa-ŝi-ṭu-nu ŝuma-ŝu i-ŝaṭ-ṭa-ru lu-u ina i-pi-ri i-kat-ta-mu lu-u ina mi*

i-nam-du-u lu-u ina iŝâti iŝrupu u lu-u ina uŝ-ri lu a-ma-ri i-ŝuk-ka-nu Iŝtar bi-lit

kabli u | taḫâzi

zik-ru-su zin-niŝ-a-niŝ lu-ŝa-lik-ŝu inu ḳapal (amilu) nakiri-ŝu lu-ŝi-ŝib-ŝu ka-miŝ

rubu-u arku-u (abnu) nard

ŝi-fir ŝumi-ia li-[mur-]ma mu-ḫar-ŝu lil-ta-su-ma ŝamna lip-ŝu-uŝ nikû lik-ki zik-ri Aŝur

bili-ia lu-[¹ ta-'-id

----

¹ Zu dem folgenden Abschnitte (V. 39 — 49) vergl. Umschrift und Übersetzung bei H. WINCKLER, Unter-
suchungen zur altorient. Geschichte, Leipzig 1889, S. 99 ff.
² Vergl. in den »Anmerkungen« zu dieser Stelle.
³ Der Strich | (Ende Z. 56 und 59) soll andeuten, dass die Zeichen für das Ideogramm taḫâzi und die
Silben tu-'-id nicht mehr auf der Rückseite, sondern — aus Raummangel — auf die davon rechts stehende
Breitseite zu stehen gekommen sind (vergl. die Photolithographie der rechten der beiden Seitenphotographien).
Vom Zeichen für u ist der Anfang noch auf die Vorderseite gebracht worden.

zum Zerschlagen der Feinde in meine Hände gelegt, da sündigte das Land (Aegypten?) wider Ašur,

25 sie frevelten, *i-ši-ṭu*, um auszurauben und zu plündern das Gebiet Assyriens, die Grossen (?) *u-kun*(?)-*nal-lu* meine Leute[1]. Nachdem Ašur und die grossen Götter, meine Herren,

den Zug ferner Wege, (durch) unwegsame Gebirge und eine gewaltige Wüste, eine Gegend des Durstes, mir anbefohlen hatten, brach ich in der Bereitwilligkeit meines Herzens wohlbehalten auf. Tarkû,

König von Aegypten und Kusch, . . . ? ihrer grossen Gottheit, von der Stadt Išhupri an

30 bis nach (der Stadt) Memphis, seiner Königstadt, ein Marsch von 15 Wegtagen, erschlug ich alltäglich

in zahlreicher Menge seine Erschlagenen (d. i. Krieger). Ihn selbst griff ich 5 Mal an mit der Spitze des Speers

in einem tödtlichen Angriff. Memphis, seine Königstadt, belagerte ich während eines halben Tages,

vermittelst *pilši nikši nabalkatti*(?)[2] nahm ich sie ein, verwüstete, zerstörte, verbrannte sie mit Feuer. Seine Palastfrau, seine Palastweiber, Ušanahuru, den Sohn seiner Erzeugung (d. i. seinen leiblichen Sohn),

35 und seine übrigen Söhne, seine Töchter, sein Hab und Gut, seine Pferde, seine Kinder, sein Kleinvieh führte ich unter Wassermangel (? s. Anm.) nach Assyrien fort; die Wurzel von Kusch

riss ich aus Aegypten aus[3]; auch nicht Einen bis zum Geringsten liess ich dort zurück. Über das ganze Aegypten setzte ich Könige, Satrapen, Statthalter, Oberbeamte, Amtleute, Oberaufseher von Neuem ein. Die vollen Tempelabgaben für (Gott) Ašur und die grossen Götter, meine Herren,

40 setzte ich fest als dauernde; Tribut und Abgabe meiner Herrschaft, alljährlichen, legte ich ihnen auf. Ein Steindenkmal für die Schrift meines Namens liess ich anfertigen, den Ruhm der Heldenkraft

Ašur's, meines Herrn, die Mächtigkeit meiner Thaten, die ich unter dem Beistand Ašur's, meines Herrn, einherwandelnd verrichtete,

und den Stolz der Eroberung meiner Hände liess ich darauf schreiben, (es) zum (bewundernden) Anschaun der Feindesschaar

für die Zukunft der Tage aufrichten. Wer dieses Steindenkmal von seinem Orte wegnimmt, meinen geschriebenen Namen

45 auslöscht und seinen Namen hinschreibt, wer es mit Staub bedeckt, in's Wasser wirft oder mit Feuer verbrennt oder aber an einen finstern Ort verbringt: Ištar, die Herrin des Kampfes und | der Schlacht,

möge seine Männlichkeit zur Weiblichkeit herabwürdigen, unter seinen Feind als Gefangenen ihn fallen lassen. Ein künftiger Fürst möge das Steindenkmal,

die Schrift meines Namens beschauen, laut vor sich recitiren, mit Öl salben, ein Opfer darbringen, den Namen Ašur's, meines Herrn, |[4] preisen! —

---

[1] Da durch die erste Hälfte der Zeile ein horizontaler Bruch des Steines geht, kann Lesung und Übersetzung der Stelle nicht als durchaus sicher bezeichnet werden. Es gilt das auch von dem palaeographisch sonst unzweifelhaften: *u-*□¶¶¶-*nal-lu.* Dittographie?

[2] Instrumente, bezw. Maassnahmen, die bei der Belagerung in Anwendung kamen, s. in den Anm. z. d. St.

[3] d. i. »alles, was an Kusch und die Kuschäerherrschaft in Aegypten erinnerte, vernichtete ich.«

[4] Siehe Note 3 auf S. 40.

ANMERKUNGEN

ZU

TRANSSCRIPTION UND ÜBERSETZUNG DER INSCHRIFT.

Zu Vorders. Z. 5. *mu-dam-mi-iḳ idôti-ia*. Jos. FLEMMING (zu Nebuk. col. IV, 25. 26): »der die Weihe verleiht meiner Macht«; JENSEN: »der meine Vorzeichen günstig macht«, d. i. »der mir günstige Vorzeichen verleiht«. S. weiter den letzteren »Kosmologie der Babylonier« (1890) S. 127 und vergl. für die Lesung *idôti* R. BRÜNNOW, list etc. Nr. 9127.

Z. 10. *Sib(-bi)* (geschr. ▶◀【 ⊞ 】) ist *bar-da-u-ti*. Wir haben dies in der Übersetzung mit »Siebenheldengottheit« wiedergegeben. Augenscheinlich haben wir es mit einer einzelnen Gesammtgottheit zu thun. Nach JENSEN ist die Gruppe das sumerische *imina-bi* = ass. *sibitti-šunu*.

Z. 16. Nach ⊢⊨ folgt auf dem Original eine verkittete Stelle, die aber immerhin Raum für das Zeichen ⊨】▶ böte. Darum lese ich mit JENSEN *u-tum-[gal]-la*, zumal wir die Varianten *u-⊢⊨】-gal-la* und *ušgalla* haben (vergl. dessen Kosmologie der Babylonier, S. 277, sowie die Varianten zu Z. 12 der Standard-Inschrift bei LAYARD pl. 7 Z. 32 und auf der in Copie vor mir liegenden Parallelinschrift zu Zürich).

Z. 20. Hinter *mu-la-'-it* fehlt nichts s. Stand.-Inscription Z. 11 u. 12. JENSEN *mu-la-'-it* rad. *rub*.

Z. 24. Zu *pir-rit ma-li-ki* vergl. JENSEN, Kosmologie der Babylonier S. 56. 165. — Zu *nadru* »wüthend« (Del. JENS.) vergl. ebend. 277.

Z. 31. Zu *ni-ia(ia?-iz?)-mat(d?)-su* vergl. H. WINCKLER, Untersuchungen zur altorient. Gesch. 143; JENSEN, Kosmol. der Babylonier S. 341 ff.

Z. 32. ▶】【◢ ist auf dem Original ausgefallen, wohl weil es mit dem folgenden ▶】【【 die Anfangskeile gemein hat (ABEL). — *kima ḳani a-pi;* vergl. hierzu H. WINCKLER, die Keilschrifttexte Sargons, Leipzig 1889, I, S. 202 z. u. und KB. I S. 56 in der grossen Aŝurnâṣirabal-Inschrift, Col. I, 23.

Z. 35. Man erwartet einen weiblichen Plural wie *ištarât*, der aber zu den Zeichen nicht passt. Dazu steht (JENSEN) ▶】 ▶-【【【 sehr oft im Sinn von »Gott« (Sing.), die ▶▶】 und ▶▶】- ▶-【【【 beide *ili* gesprochen wurden (vergl. z. B. auch Nabonid'd's kleine Inschrift aus Ur, I, 29; II, 5 (ABEL), sowie meine Bemerkung über die fälschliche pluralische Schreibung des *ili* in *Hibbli* in Fällen wie Nebuk. E. J. II. col. IV, 32; V. RAWL. 35, 15. 17 s. KAT.² 127 (Sens.)). Nach JENSEN also »Gott und Göttin«. Am Ende ergänzt derselbe [*ibi* -kennt-].

Zu Rücks. Z. 6. [*u-li-ru*] Ergänzung JENSEN's, der Z. 4—6 vorschlägt zu übersetzen: »welcher wiederherstellte . . . . . die (heiligen) Gemächer . . . . . . des Landes Assyrien . . . . . welcher an ihren Ort zurückbrachte . . . . . .

Z. 12. Das nach 】▙】 stehende Zeichen ▰◢▰ ist als der verschrieene Anfang des darauf folgenden ▰▱】▱】 zu betrachten, das der Schreiber nur noch einmal angesetzt hat (ABEL).

Zu Rücks. Z. 14. * zi-bu na-ad-ru pa-nu-uš-šu* u. s. w. d. i.: »vor dem ein wüthender Wolf . . ., hinter dem« u. s. w. Für *šibu* (JENSEN: *šibu?*) »Stuss« s Tigl. Pil. I, 12; Sargon, Nimrudinschr. Z. 15 s. WINCKLER S. 171.

Z. 15. Zu der Redewart: *nablu muttakpišu* vergl. Schöpfungslegenden, 4. Taf., Z. 40 bei JENSEN, Kosmol. 280 ff. Der Verfasser dachte doch wohl an ein unter herniederfahrenden, zuckenden Blitzen Verderben bringendes Gewitter. JENSEN an der betr. Stelle: »Mit einer lodernden Flammengluth (füllte er seinen Leib)«.

Z. 16. Über *šarrubin* (so auch JENSEN) und dessen verschiedene Schreibungen s. SCHRADER in Assyrisch-Babyl. Keilschriften (Leipzig 1872), Excurs Eigennamen, S. 162 f. — *bar biŝŝti*. Ich habe die freie Übersetzung »Völker« beibehalten, obgleich *biŝŝtu* ein Einheits- bez. Gesammtbegriff ist und »Menge, Schaar, Masse« bedeutet. Es mit »Stärke« = *kišštu* zu übersetzen, verbietet für mich die mit unserer wechselnde Verbindung: *bar biŝŝti ašti*. Sonst vergl. die Auseinandersetzung zwischen JENSEN und mir in Zeitschr. f. Assyr. I, 1896, S. 1, Anm. 3; S. 215; neuerdings auch JENSEN in Keilinschr. Bibliothek III, a S. 153 Anm.

Z. 20 ff. Vergl. hierzu Aŝurnâṣirabal, col. I, 32 (I. RAWL. 17.)

Z. 23. *mu-[šim]-ṭit mdt mu-kur-u.* Vergl. Asurn. a. a. O. I, 34, wo (Asal.) umgekehrt das hier am demselben Grunde wie Vs. 32 *gi* ausgelassene Zeichen in einer Überlieferung vom Schreiber doppelt gesetzt ist.

Z. 35. Im Text anscheinend nur *u-*E⫲*-ki-ku* sichtbar, was sinnlos; lies mit Jensen *u-*E⫲*-ki-ku = u-pal-ki-ku* rad. *kp,* im Steigerungsstamm *kullulu* Synon. von *kašti* rad. *kpr.*

Z. 38. ⟨⟨*-gir,* auf dem Original scheinbar nur ⟨⟨, von Jensen richtig als *mi* erkannt.

Z. 42. Für *mi-til, mišlu =* ⟨⟨ ·Hälfte· s. H. Zimmern in Z. f. A. V, 151 Anm. 5; Bezold, list Nr. 1773.

Z. 43. *ina pil-ki, mit-ni, na-bal-kut-ti.* Jensen vergleicht *pulitu* mit syr. ⟨⟨ im Sinn von ·durchbohren· (die Mauer), ·Bresche legen·; leitet *ni̊nu* von *nabânu* ·bauen·, endlich *nabalkattu* zweifelnd von *balkâtu* im Sinn von ·übersteigen· ab und denkt, ebenfalls zweifelnd, an ·Leitern·. Andere Versuche der Bestimmung des Sinnes dieser zur Belagerung dienenden Werkzeuge siehe bei den Erklärern von Sanherib's Taylor-Cylinder, Col. III, 16. P. Ross liest unter Vergleich von *pil-ki* (so l.!) *u na-pal-ku-ni* III R. 14, 45 *na-pal-kat-ti* R. *plu.* Vergl. *pulukku* ·Beil·.

Z. 44. Ušanaḫuru, den Tarku-Thirhaka ·leiblicher Sohn·, wird hier in einen Gegensatz zu den übrigen Söhnen gestellt, nahm also eine hervorragende Stelle unter den Söhnen des Königs ein, vielleicht die des ·Kronprinzen·. Sonst ist derselbe nicht bekannt. In dem zweiten Theile des Namens steckt doch wohl der Name des Gottes Hor. *ŠAL. ŠAB. I'. ḤAL. MI'Š* bezeichnet den im Plural gesetzten einleitlichen weiblichen Begriff = ·Palastweiber·. Assyrisches Aequivalent nicht bekannt. S. über das *ŠAL. ŠAB* Zimmern in Z. f. Ass. V (1890), S. 164, Anm. 11 u. vergl. Panza in Keilinschr. Bibliothek I (1889) zu Ašurnâṣirabal Col. III, 22 (Text und Chera.).
— *mdr ridûti-šu,* vergl. dazu das bekannte ⫲⫲⫲⫲ ⫲⫲⟨⟨ ⟨⟨⫲ ⫲⟨⟨ bei Ašurbânîabal, Rassameyl. col. I 23.

Z. 45. *ina la ma-a-mi* ·ohne Wasser· (so zweifelnd Jensen) gemäss dem überlieferten Text, aber ohne rechten Sinn. Ich vermuthe einen Schreibfehler, wie solche so oft in dieser Inschrift, für *ina la ma-ni* ·ohne Zahl· — nach unzähligen analogen Stellen. Auch Jensen erklärt sich für diese Annahme als die wahrscheinlichste. Winckler a. a. O., der geradezu ·ohne Zahl· übersetzt, aber zu der Textlesart ein *ni* setzt, scheint nicht minder derselben Ansicht gewesen zu sein.

Z. 49. Für ⫲⟵ ⫲⟨⟨⟨ (= *MI'Š* (vergl. Z. 36) als Pluralzeichen s. Bezold Nr. 10356.

Z. 58. *ki-*⟨◁E⫲⟨*-su* Ergänzung Jensen's. Das Ausfallen des Zeichens erklärt sich befriedigend durch die Nähe des nachfolgenden *su-*◁E⫲ zumal bei dem doppelten E⫲ E⫲ unmittelbar hintereinander. — Über die Ausgänge der betreffenden Zeilen, welche theilweise von der Breitseite auf die Schmalseite zu stehen gekommen sind, s. bereits oben und vergl. Photographie und Autographie. — Zu dem ganzen Schluss Z. 54—58 vergl. die bekannten Ausgänge von Königs- und anderen grösseren Inschriften, neuerdings auch den Merodachbaladanssteines im Berliner Museum.

Fig. 12. *Gyprus Siegelcylinder. Berliner Museum. N. G.*

Fig. 13 und 14. Figuren aus Sandstein, etwa ½ d. n. Gr.

III.

FÜNF BILDWERKE AUS GERDSCHIN.

❖❖❖

Sechs Pässe sind es, die von der Küste des Mittelmeeres über den Amanos und seinen nördlichen Ausläufer, den Giaur-Dagh nach dem Innern führen. Im Süden beginnend, haben wir da zunächst den Beilân-Pass, dann, nur wenig nördlicher, einen Weg über die Haimatschinar Jaila, der vom Chan Murâd-Pascha in der Nähe des sogenannten Jonas-Pfeiler ausgeht und nach Tschorschlu führt, ferner einen Pass zwischen Pajas und Châssa und den von Jarpûs oder Dschebel Bereket zwischen Osmanije und Islahije, weiter den Pass von Hassânbeili zwischen Derwischtje und Êntill, schliesslich am meisten nördlich den Arslân-Boghas zwischen Bulanyk und Kasan-Ali.

Von diesen ist der Beilân-Pass als grosse Heerstrasse nach Antiochia und Aleppo weitaus am meisten begangen. Der Weg nach Tschorschlu ist sehr vernachlässigt und gegenwärtig selbst für die einheimischen Saumthiere so gut wie ungangbar, wird aber, ebenso wie der nur wenig bessere zwischen Pajas und Châssa von Schmugglern viel benützt und ist besonders seit der Einführung der Tabak-Regie zu recht grosser Bedeutung gekommen. Nach Jarpûs und über den Pass von Hassânbeili führen sehr breite, mit grossem Aufwande und durch bitteren Robot der Anwohner angelegte fahrbare Strassen, die aber — bezeichnend für die Armuth der gegenwärtigen Bevölkerung — schon wieder verfallen und stellenweise sogar schon spurlos wieder verschwunden sind, bevor noch je ein Wagen über dieselbe gerollt ist. Erst der nördlichste dieser sechs Pässe, der Arslân-Boghas hat wieder mehr Verkehr, besonders weil er auch für die Bewohner des mittleren Dschihân-Thales die bequemste Verbindung mit dem Osten darstellt.

Kaum kann man sich eine grössere Überraschung, kaum auch ein schöneres Landschaftsbild denken, als der erste Blick von jenseits des Beilân-Passes nach Osten gewährt. Hier fühlt man wirklich, an der Grenze zweier Welten zu stehen, man hat die Mittelmeerländer, die einheitlichste geographische Provinz der ganzen Erde verlassen und ist mit einem Schritte in den wirklichen Orient getreten. Aber so sehr das Auge von dem unermesslich scheinenden Spiegel des Ak-Denis in's Weite gelenkt wird und so sehr auch der geistige Blick rückwärts schweift und der grossen Völkerwanderungen gedenkt, die vor und nach den Heerschaaren des Darius diesen Weg gezogen — so bleiben Auge und Sinn doch immer wieder an den zahllosen Tells haften, die gerade am Fusse der Beilân-Passes besonders gross und dichtgedrängt sind, als riesige Wahrzeichen einer vergessenen Cultur.

Aber auch jedem der fünf anderen Pässe, selbst den so unbedeutenden von Tschorschin nicht ausgenommen, entspricht in der Ebene eine ähnliche Anhäufung solcher Ruinenhügel, welche dort, bei Chássa, bei Islahije und bei Éntili dichter stehen oder grösser sind, als an anderen Stellen der Ebene, so dass diese Passübergänge schon in grauester Vorzeit nicht ohne Bedeutung für die Entstehung und das Gedeihen grösserer Ansiedlungen in ihrer Nähe gewesen zu sein scheinen. Auch dem Arslân-Boghas entspricht eine Gruppe solcher Hügel und einer von diesen ist es, der uns nun zunächst beschäftigen wird.

Steigt man von der Passhöhe nach Kasan-Ali herab, so hat man, genau in der Verlängerung der schmalen Thalsohle, stets den grossen grünen Kegel von Gerdschin vor sich, der 70 m hoch aus dem jenseitigen Rande der Sumpfebene emporragt. Zwar erkennt man bald, dass er im Zuge einiger niederer Serpentin-Klippen liegt, welche, vom KurdDagh abzweigend, sich hier in der Ebene verlieren und denkt also sofort daran, dass er wohl zum Theile aus gewachsenem Fels bestehen könnte, aber er imponirt doch auch bei längerer Betrachtung durch seine Ausdehnung und Grösse. Eine hohe graue Steinwand, die aus der Kuppe hervorragt und in der blauen Ferne etwas an das Denkmal des Philopappos erinnert, ist man leicht geneigt, für den Rest eines alten Bauwerkes zu halten, aber die Untersuchung mit dem Fernrohre ergiebt nichts bezeichnendes und erst an Ort und Stelle haben wir später gesehen, wie es gewachsener Fels ist, der klippenförmig gerade an der höchsten nach Südwesten gewandten Stelle der Hügel heraussieht. Etwas nordöstlich liegt ein zweiter kleinerer Hügel, Ufak Gerdschin, 2000 m westlich schon mitten in der Ebene ein dritter, gleichfalls kleiner, der Süssmess-Hüjük und zwei noch kleinere, Arab- und Nergisli-Hüjük.

Nachdem man mir schon 1883 im Vorbeireiten von fabelhaften Alterthümern erzählt hatte, die bei Gerdschin im Sumpfe lägen, war ich nicht erstaunt, dass auch 1888, als wir zu längerer Arbeit in Sendschirli installirt waren, das kaum 7 km von Gerdschin entfernt ist, diese Erzählungen von Neuem auftauchten und täglich verlockender wurden. Besonders ein »grosses Kameel«, das am Fusse des Hügels frei sichtbar sei, kehrte in allen Schilderungen wieder und würde an sich schon genügt haben meine Neugier und mein Pflichtgefühl zu wecken — aber monatelang sassen wir in Sendschirli, Gerdschin täglich vor Augen, ohne doch den Ort erreichen zu können, denn das Jahr war ein ganz ungewöhnlich nasses, die Sümpfe waren höher und ausgedehnter als seit Menschengedenken, und die Versicherung, dass es völlig unmöglich sei, nach dem Hügel zu gelangen, erschien mir zu glaubwürdig. Erst am 26. Juni, nachdem das Schleuder-Thermometer seit langer Zeit 35 und 40° C. und darüber gezeigt hatte und die glühende Sommerhitze die Wassermassen etwas zum Schwinden gebracht zu haben schien, konnten F. Winter, ich und ein einheimischer Führer daran denken, den Ort zu besuchen. Auf einem Umwege von 15—16 km, der uns in weitem Bogen an Farfar-Burnu und Kömürler vorbei um den Hügel herum geführt hatte, konnten wir uns unserem Ziele auch wirklich bis auf Büchsenschussweite nähern, aber der Sumpf, der Gerdschin von allen Seiten umgiebt, wurde immer grundloser, so dass die Pferde, klüger oder mindestens weniger neugierig als wir, nur schwer vorwärts zu bringen und in grosser Gefahr waren zu ersticken; aber unser einheimischer Freund war von der Hoffnung auf ein gutes Trinkgeld für das »grosse Kamel« mindestens ebenso angeregt, als wir vom Entdeckungsfieber und versicherte uns, wir würden die Pferde nicht zu bezahlen brauchen, wenn sie auch hier zu Grunde gingen, er hätte auch selbst, um ganz sicher zu sein, sein eigenes Pferd zu Hause gelassen und ein fremdes gewählt auch wäre die Umkehr so nahe am Ziele doch gar zu schimpflich gewesen und so erreichten wir schliesslich, wenn auch nach vielen vergeblichen Versuchen und mit vieler Bedrängniss, doch wieder festen Boden und den Rand des Hügels. Die zitternden und ganz verstörten Pferde wurden angepflöckt, wir aber kletterten sofort nach der bezeichneten Stelle an der anderen Seite des Hügels — doch von dem grossen Kamel war keine Spur zu erblicken; ein Steinwurf unseres Führers bezeichnete uns eine Stelle weit draussen im Sumpfe, die wegen der Tiefe des Wassers, die wir auf 2—3 m schätzten und wegen des undurchdringlichen Schilfbestandes für uns völlig unerreichbar war. Weder zu Fuss noch zu Pferde, weder in einem Boote noch schwimmend oder tauchend wäre irgend eine Möglichkeit gewesen an die Stelle zu gelangen und wir waren alle drei einig, unseren Tag als gründlich verloren zu betrachten. Um unser Gewissen zu beruhigen, kletterten wir noch auf die Höhe des Hügels, bemerkten, dass die Steine auf der Kuppe natürlicher Fels wären, fanden auch allerhand Scherben von altem Geschirr und Splitter von Obsidian und Feuerstein, wie deren immer auf der Oberfläche der syrischen Schutthügel umherliegen, ruhten noch einige Minuten auf einem grossen walzenförmigen Dolerit-Block und traten missmuthig und erschöpft den Heimweg an. Wer lange im Orient war und, wie ich, aus Princip immer jeder Andeutung eines Einheimischen nachgegangen ist, der weiss auch, dass auf fünfzig oder hundert Mythen immer erst eine Sache zu kommen pflegt, von der man schliesslich denkt, es sei doch der Mühe werth gewesen, ihr nachzuforschen; aber auch die wahre Herkunft und die Entstehung einer an sich werthlosen Nachricht richtig erkannt zu haben, ist immerhin ein Resultat, wenn auch ein negatives; nur dass diesmal die Frage nach dem grossen Kamel trotz aller Mühe und Anstrengung offen gelassen werden musste, erschien uns hart und unverdient.

Inzwischen hatten in Sendschirli unsere Arbeiter unter der Leitung unseres ersten Zimmermannes gestanden und die Gelegenheit zu einer grossen Schlägerei benutzt, die später noch Wochen hindurch den Localbehörden Anlass zu Verhören und Verhaftungen gaben, und F. Winter hatte einige Tage nachher in Folge der übermässigen Anstrengung einen Anfall von perniciösem Fieber, der sein Leben in Gefahr brachte und mich lange mit schwerer Sorge um seine Gesundheit erfüllte.

Das ist die Geschichte von Gerdschin und dem grossen Kamele im Jahre 1888. Erfreulicher gestaltete sich ihre Fortsetzung im Jahre 1890. Da waren wir am 27. Januar in Sendschirli wieder eingetroffen; der vorhergegangene Winter war ungemein trocken gewesen, auch hatte die neue Regenzeit noch nicht begonnen, so dass eine Trockenheit und Dürre herrschte, an die sich die bekannten ältesten Greise nicht zu erinnern vermochten; thatsächlich waren die Sümpfe zwischen Sendschirli und Gerdschin fast völlig ausgetrocknet, so dass man beinahe in gerader Linie hinüberreiten konnte. Ein so seltener Zufall musste rasch benutzt werden und sobald die Ausgrabung in Sendschirli etwas in Gang und ich dort einigermaassen abkömmlich war, ritt ich mit dem alten Führer nach Gerdschin hinüber — offen gestanden weit weniger in der Hoffnung, wirklich etwas irgend nennenswerthes dort zu finden, als vielmehr um mein Gewissen endgiltig von der drückenden Last des grossen Kamels zu befreien. Wir erreichten diesmal den Hügel in wenig mehr als einer halben Stunde und ohne jegliche Schwierigkeit; mein einheimischer Freund war etwas vorausgesprengt und bald im haushohen Gebüfe verschwunden, aber schon meldete ein jubelnder Zuruf, dass diesmal unser grosses Kamel wirklich gefunden ist. Es liegt völlig frei und trocken am Boden des Sumpfes und erweist sich in der That als ein höchst merkwürdiges Bruchstück einer menschlichen Colossal-Statue, mit den Schultern und dem Untergesicht, von drei- bis vierfacher Lebensgrösse und zweifellos sehr hohem Alter. Andere Bruchstücke können nicht fehlen und schon in den nächsten Minuten ist ein grosser fast halbkugliger Block gefunden mit den Augen und der doppelt gehörnten Kappe des Gottes und bald auch ein Bruchstück von seinem walzenförmigen Leibe, mit altsemitischer Inschrift bedeckt. Da fällt mir die Dolerit-Walze auf der Kuppe des Hügels ein, auf der F. Winter und ich uns vor anderthalb Jahren oben niedergelassen hatten. Natürlich wird sie sofort gesucht und ist an der alten Stelle bald wiedergefunden: Sie gehört wirklich zu der Statue und ist fast in ihrer ganzen Länge mit vierundzwanzig Zeilen Inschrift bedeckt! Wie wir das beide damals hatten übersehen können, ist sonderbar genug, doch mögen der damals so schwierig gewesene Ritt, die herrschende Gluthhitze und die giftige Sumpfluft zu unserer Entschuldigung angeführt sein. Auch war die Inschriftfläche, welche sicher seit Jahrhunderten völlig frei und allen Einflüssen des Wetters preisgegeben da lag, durchaus mit einer harten, stellenweise über einen halben Centimeter dicken Flechtenkruste bedeckt, so dass es zunächst gar nicht möglich war, auch nur einen einzelnen Buchstaben zu erkennen und es fast einstündiger Arbeit bedurfte, um auch nur den Anfang der ersten Zeile abschreiben und lesen zu können.

Immerhin war das Übersehen von damals jetzt wieder gut gemacht, und am Abend konnte ich den erstaunten Genossen berichten, dass wir die neue Campagne mit der Auffindung einer alten Colossal-Statue mit der grössten bisher überhaupt bekannten altsemitischen Inschrift aus dem 8. oder 9. vorchr. Jahrhundert inaugurirt hätten.

Die Geschichte und Vorgeschichte dieses Fundes aber habe ich ausführlicher erzählt, als es sich vielleicht für ein Buch von so ernstem Charakter und von so grossem Formate geziemt —, aber ich habe dies nicht ohne Absicht gethan, nicht nur der inneren Bedeutung des Fundes selbst wegen, sondern weil es recht deutlich daraus zu ersehen ist, wie der Reisende im Oriente jeder, auch der abenteuerlichsten Spur nachgehen muss und wie, wenn auch sein Bemühen in der Regel erfolglos bleibt, schliesslich doch ab und zu ein grosser Erfolg für alle früheren Enttäuschungen Ersatz bietet.

Über das weitere Geschick der Statue kann ich mich nun so kürzer fassen. Es zeigte sich bald, dass in den letzten Jahrzehnten Niemand die Bruchstücke wirklich gesehen hatte; seit Generationen hatte der Sumpf nie so weit trocken gelegen und nur unbestimmte Gerüchte hatten sich in den Nachbardörfern erhalten und vom Vater auf den Sohn vererbt. Jetzt aber stand die Regenzeit vor der Thüre, ja die ersten starken Regen hatten sich inzwischen eben eingestellt und so war es völlig klar, dass nur ein rascher und unverweilter Transport auf sicheren Boden die Statue vor abermaligem Untergange retten konnte. Die Einsprüche unseres türkischen Regierungs-Commissärs, dass ich kein Recht hätte, Alterthümer aus Gerdschin zu transportiren, weil unsere Erlaubniss nur für Sendschirli laute, waren bald beseitigt, aber die mir damals allein verfügbaren acht Zugochsen erwiesen sich als zu schwach, um auch nur den Wagen, auf den das Schulterstück gelegt war, ziehen zu können. So beschlossen wir, da weiterer Aufschub verhängnissvoll geworden wäre, und weitere Zugthiere nicht sofort aufzutreiben waren, die Steine auf Schlitten zu legen und von Menschen ziehen zu lassen. Mit achtzig unserer besten Arbeiter, einem rasch gezimmerten niederen Schlitten und den nöthigen Tauen und anderen Werkzeugen zog R. Koldewey am zweitnächsten Morgen aus, und am Abend war das Schulterstück bereits in unserem Lager. Die ersten Regen hatten den Boden glatt und schlüpfrig gemacht, so dass der Schlitten (auch ohne den sinnreichen, schon den alten Ägyptern bekannten

Kunstgriff, durch fortwährendes Ausgiessen von Wasser vor dem Schlitten die Reibung zu mindern) sanftig einherglitt und unsere braven Leute ihre Verwendung als Zugthiere gar nicht übel vermerkten.

Inzwischen war es R. KOLDEWEY auch gelungen, das etwa 90 Centner schwere walzenförmige Stück mit dem grössten Theile der Inschrift ohne Unfall von der Kuppe nach dem Fusse des steilen Hügels hinunterzuschaffen; bevor am nächsten Tage die Sonne unterging, war auch dieser mächtige Block, von hundert Mann gezogen, in Sendschirli angelangt und wurde unter dem Jubel der aufgeregten Bevölkerung nach unserem Lager gebracht.[1] Bald nachher langte auf dem Oehsenkarren auch noch ein weiteres Bruchstück der Statue mit dem Reste der Inschrift an, das etwas weiter nördlich im Sumpfe gelegen hatte und den Nachforschungen des ersten Tages entgangen war. So war die Statue glücklich auf trockenes Land gebracht worden und konnte im nächsten Frühjahre mit den Funden aus Sendschirli nach der Küste gebracht und nach Berlin versandt werden, wo sie in der Abtheilung vorderasiatischer Alterthümer zur Aufstellung gekommen ist. Nach den fehlenden Armen und nach dem untersten Stücke mit dem Gewandsaum und den Füssen war lange Zeit eifrig gesucht und hohe Belohnung auf deren Zustandebringen gesetzt worden — doch vergebens. Wohl aber wurden bei dieser Gelegenheit an derselben Stelle noch drei grosse Bruchstücke von drei weiteren, ähnlichen, aber kleineren Bildwerken aufgefunden und von uns nach Sendschirli transportirt, so dass sich in Gerdschin ein ganzes Pantheon ältester Sculpturen ergeben hat. Wenige Tage aber nachdem deren Bergung so glücklich gelungen, setzten die Winterregen mit aller Macht ein, der Weg nach Gerdschin wurde bald wieder unpassirbar; die Fundstätte war rasch wieder von Wasser bedeckt, und Jahrzehnte werden vielleicht vergehen, bevor sie wieder vorübergehend zugänglich wird.

Indess ist hier ein weiteres Bildwerk zu erwähnen, das ich schon 1888 in der Nähe aufgefunden hatte, und das der Form nach zweifellos, wahrscheinlich aber auch dem alten Ursprunge nach gleichfalls zu Gerdschin gehört. Gleich im Beginne unserer Grabungen in Sendschirli erfuhr ich nämlich durch einen Kurden von einem grossen Steine «mit Tscherkessen-Patronen», der nur einige tausend Schritte von uns entfernt, auf einem verlassenen Friedhofe bei einer Tachtaly-Bunary genannten Quelle läge. Der Mann zeigte mir dem auch wirklich einen walzenförmig aussehenden Stein mit einem grossen Standzapfen und die «Patronen», welche Fransen eines Rocksaumes zu sein schienen, so dass die Vermuthung nahe lag, dass es sich um eine Statue handle, die als Grabstein hierher verschleppt und mit der Kopfseite nach unten eingegraben war. Am nächsten Tage kehrte ich mit F. WINTER und einigen Arbeitern zurück, um den Stein freizulegen. Er erwies sich als Bruchstück einer sehr alterthümlichen Statue mit einem sehr grossen Inschriftfelde mit altsemitischen Buchstaben.

Dass der Stein hier nicht an seiner ursprünglichen Stelle lag, war von Haus aus klar; unsicher blieb nur, von wo er eigentlich auf den alten Friedhof gebracht worden war; bei dem damaligen Stande unserer Kenntniss schwankte die Wahl nur zwischen den beiden nächstgelegenen Hügeln, Sendschirli und Süsznesz. Da aber Tachtaly-Bunary von jenem nur 1,9 km, von diesem aber 2,9 km entfernt liegt und auch weil der Hügel von Sendschirli weitaus grösser ist, als der von Süsznesz, entschied ich mich damals für den näheren und grösseren Ort und nahm an, dass der Stein ursprünglich aus Sendschirli stamme. Heute aber, wo wir mehrere ganz gleichartige Denkmäler in Gerdschin, aber trotz sehr grosser Erdbewegung kein einziges in Sendschirli nachgewiesen haben, erscheint es mir wahrscheinlicher, ja beinahe sicher, dass auch die Statue von Tachtaly-Bunary aus Gerdschin dahin verschleppt ist.

[1] Vergl. die Vignette auf S. 30.

Da die Herren E. Sachau und J. Euting die Bearbeitung der Inschriften übernommen haben und da die Ergebnisse ihrer Studien diesem Capitel unmittelbar angeschlossen werden können, so bin ich meinerseits beinahe am Ende desselben angelangt und habe nur noch eine kurze Beschreibung der Monumente selbst zu geben.

A.

Statue aus Gerdschin, sehr feinkörniger, fast völlig blasenfreier Dolerit, soweit erhalten, 2.85 m hoch,[1] einen stehenden bärtigen Mann darstellend, der durch seine mit Stierhörnern geschmückte Kopfbedeckung als Gott bezeichnet ist. Diese Kopfbedeckung ist sonst fast halbkuglig gestaltet und mützenartig eng auf den Kopf gestülpt; nach unten ist sie durch einen breiten Saum abgeschlossen, auf jeder Seite trägt sie je zwei nach vorn gewandte Hörner. Sonst ist von der Kleidung so gut wie nichts mehr zu berichten; dieselbe scheint nur aus einem glatten faltenlosen Ärmelrock zu bestehen, der vermuthlich unten bis an die Knöchel gereicht hat und mit einem breiten Saume von Frangen oder Quasten abschloss; doch ist gerade dieser Theil des Bildwerkes leider nicht aufgefunden worden; an dem vorhandenen Theile bemerkt man lediglich einen breiten Gürtel, der den Rock oberhalb der Hüftgegend zusammenfasste und die kurzen Ärmel, die nur einen Theil des Oberarmes bedecken und schon ein gutes Stück über dem Ellenbogengelenke völlig glatt und ohne besonderen Saum aufhören. Beide Vorderarme sind abgebrochen und konnten nicht aufgefunden werden. Aus der Art der Bruchflächen kann man annehmen oder wenigstens vermuthen, dass, während die Oberarme beiderseits gleichmässig eng anliegend und herabhängend dargestellt sind, die Vorderarme fast gerade nach vorn gestreckt waren und dass die Hände dann wohl irgend welche besondere göttliche Attribute gefasst hielten. Dass die Arme etwa vor der Brust verschränkt waren, wie man etwa nach Analogie der beiden Nabu-Statuen von Nemrud[2] annehmen könnte, ist wohl auszuschliessen, jedenfalls haben sie ihr nicht direct aufgelegen, da sonst ein Rest derselben erhalten oder eine Bruchfläche sichtbar sein müsste.

Fast unmittelbar unter dem Gurte beginnt das Inschriftfeld, welches gegen die Umgebung um wenige Millimeter vertieft, aber sonst ohne besondere Kante oder Einfassung ist und vom Gurte abwärts die ganze Vorderfläche des Bildwerkes einnimmt. J. Euting

---

[1] Die ursprüngliche Höhe dürfte ungefähr 4.0 m betragen haben; der Umfang beträgt unten 2.94 m, weiter oben, in der Mitte des 0.20 m hohen Gurtes 2.36 m. Das Inschriftfeld ist 1.40 m hoch; die erste Zeile ist 0.90 m lang, die zweite, deren Anfang um 0.14 m gegen den der ersten nach rechts verschoben ist, vermuthlich weil der Steinmetz bei der ersten Zeile wahrgenommen, dass er sonst mit der in Aussicht genommenen Zeilenzahl nicht reichen würde, misst 1.04 m; von da an nimmt die Länge jeder einzelnen Zeile regelmässig um beinahe einen Centimeter zu, so dass die letzte Zeile 1.30 m lang ist.

[2] Vergl. die Abbildung bei Pranor et Chipiez II, 83 oder bei Hommel, Geschichte, S. 629. Es ist nicht zu verkennen, dass unsere Statue sonst sehr an die beiden in den Südost-Ruinen von Nimrud gefundenen, etwa lebensgrossen Statuen des Gottes Nabu erinnert. Die bis auf's äusserste getriebene Schlichtheit der faltenlosen Gewandung, die Hörnermütze (Nabu hat je ein Stierhorn auf jeder Seite seiner Kopfbedeckung), die strenge, hochalterthümliche Behandlung des Gesichtes und auch die Art der Anbringung der Weihinschrift auf der Vorderfläche der Statue selbst — all' dies stimmt so sehr mit Eigenschaften unserer Statue überein, dass wir diese schon aus äusseren Gründen in dieselbe Zeit versetzen müssen, der die Nabu-Statuen angehören; diese aber ist durch die Inschrift (vergl. u. A. bei Hommel a. a. O. S. 630) genau genug gegeben: »Dem Gotte Nabu, dem erhabenen Nehutzherrn u. s. w. u. s. w. — hat diese Statue zur Erhaltung des Lebens des Rammân-nirâri, Königs von Assyrien, seines Herren und des Lebens der Sammu-ramat seiner Herrin, errichtet Bel-tarzi-iluma, der Statthalter von Kalach u. s. w., auf dass er selbst lange lebe u. s. w. u. s. w.«. Für Rammân-nirâri aber und seine Mutter »Semiramis« kennen wir das Datum 811—783 v. Chr. und ungefähr in dieselbe Zeit werden wir daher auch unsere Statue zu verlegen haben, eine Zeitbestimmung, welche, wie sich später ergeben wird, auch durch die rein epigraphische Betrachtung nur an innerer Sicherheit gewinnt.

hat diese Inschrift schon an Ort und Stelle, und auch seither noch sehr eingehend studirt und gedenkt später auf dieselbe und auf die anderen Inschriften von Sendschirli zurück-zukommen; einstweilen hat er nur sein Facsimile der Inschrift (Tafel VII) und die hier S. 51 abgedruckte Umschreibung in hebräischer Schrift zur Veröffentlichung bestimmt.[1]

Indem ich auf diese beiden Tafeln verweise,[2] kann ich mich hier darauf beschränken, zu bemerken, wie schon in der ersten Zeile der Inschrift berichtet wird, dass diese Statue dem Gotte Hadad geweiht ist, von einem Könige, der sich selbst redend einführt: «Ich, Panammû, Sohn des Ḳ. r. l, König von Jâdi u. s. w.». Aber ich darf nicht unterlassen, auch hier schon darauf hinzuweisen, dass gerade dieser Anfang der Inschrift zweifellos auf einer Rasur steht, ohne dass es sich etwa mit Sicherheit ermitteln liesse, ob hier eine spätere Änderung des Namens jenes Königs vorliegt, der ursprünglich die Statue geweiht hat, oder ob es sich einfach nur um eine Verbesserung eines sprachlichen oder sonst formellen Irrthums handelt. Die Wiederkehr desselben Namens und Titels im weiteren Verlaufe der Inschrift, freilich an einer sonst etwas beschädigten Stelle derselben, scheint die letztere Vermuthung zu unterstützen; immerhin bleibt die Rasur bemerkenswerth und dies umsomehr, als sie — wenigstens im Anfange und für die fünf ersten Worte — sogar eine doppelte zu sein scheint, während die zweiten fünf Worte, also die Worte von Jâdi angefangen nur in einfacher Rasur stehen.

Leider ist die Inschrift zum Theile recht schlecht erhalten, stellenweise auch völlig zerstört; so fehlen die Zeilen 5 und 6 fast vollständig, weil hier, offenbar schon vor sehr langer Zeit, ein Versuch gemacht war, den Stein durch Einmeisseln einer tiefen Rinne zu spalten. Bei demselben Anlasse ist wohl auch ein grosser muschelförmiger Splitter verloren gegangen, der in die Zeilen 7 bis 10 Lücken gerissen hat. Da auch die Bruchflächen an den Kanten stark gelitten haben — die beiden unteren Bruchstücke der Inschrift waren aus einer Höhe von 70 m in die Tiefe gekollert worden und das obere grössere Bruchstück derselben lag anscheinend durch lange Jahrhunderte ohne jeden Schutz allen Einflüssen von Wind und Wetter ausgesetzt — ergeben sich leider auch an den Bruchstellen durchwegs grosse und schwer zu füllende Lücken.

Die Buchstaben sind reliefartig vortretend gemeisselt, haben aber sonst fast ganz die Form, die wir von der Inschrift des Königs Mescha kennen; wie bei dieser sind auch hier die einzelnen Worte durch grosse Punkte getrennt, welche in Kopfhöhe stehen. Indem ich für alles, was sonst sich auf die Inschrift bezieht, auf Euting's Umschreibung und Facsimile verweise, wende ich mich nun zu dem Kopfe des Gottes. Von dem Bruche abgesehen, der sich fast wagrecht mitten durch denselben hinzieht und den völligen Verlust der Nase und der unteren Augenränder zur Folge gehabt hat, ist der Erhaltungszustand als ein sehr guter zu bezeichnen. Die Augen scheinen einfach als flache längliche Gruben gebildet gewesen zu sein, wenn diese nicht vielleicht mit einem anderen Stoffe ausgefüllt waren, was nicht ganz ausgeschlossen ist. Höchst merkwürdig sind die Augenbrauen gebildet, zwei flache leicht vertiefte Bogen, durch ein ∧-förmiges Stück verbunden, das fast bis an den Mützenrand reicht und vielleicht eine sehr mächtige Verbindung der Brauen, vielleicht aber auch eine besondere Art von Stirnfalten vorstellen soll. Der Mund ist klein, die Lippen sind beinahe dünn zu nennen; an der oberen ist das Lippenroth durch eine dünne eingeschnittene Linie von der eigentlichen Haut scharf getrennt. Die ganze Gegend der Oberlippe ist unverkennbar ausrasirt dargestellt, das übrige Gesicht ist bärtig. Das Ohr ist unbeholfen und ohne Verständniss der Form gebildet, fast an ein stehendes C erinnernd.

[1] Das Facsimile trägt die Bezeichnung: J. Euting, Oct. bis Dec. 1891; die Umschreibung in hebräischer Schrift ist vom 13. Dec. 1891 datirt.

[2] Vergleiche auch den Versuch einer Übersetzung bei Halévy, Recherches bibliques. XV. —

UMSCHREIBUNG DER HADAD-INSCHRIFT DES KÖNIGS PANAMMŪ.

1 אנך ‏• פנמו ‏• בר ‏• קרל ‏• מלך ‏• יאדי ‏• זי ‏• הקמת ‏• נצב ‏• זן ‏• לחדד ‏• בעלמי ‏•

2 קמו ‏• עמי ‏• אתחי ‏• חדד ‏• ואל ‏• ירחב ‏• ורכבאל ‏• ושמש ‏• ונגן ‏• בידי ‏• חדד ‏• ואל ‏•

3 ורכבאל ‏• ושמש ‏• ורשף ‏• חסר חלבכה ‏• וקם ‏• עמי ‏• רשף ‏• פסו ‏• אחז ‏•

4 ביד .... ם ‏• פלא ... יזמו ‏• אשגל ... סאלחי ‏• יתנו ‏• לי ‏• רשם ‏• ליון ‏•

5 .... לו ארק ‏• ספרי ‏• חאל ‏•

6 .... ארק ‏• חסי ‏• וארק ‏• סמי ‏•

7 וארק ‏• .... אז ‏• בלחת ‏• ... מי.. יד ‏• ... ר יעבדו ‏• ארק ‏• וכרם ‏•

8 שפיים .... ב ‏• פנמו ‏• גם ‏• ישבח ‏• על ‏• סב‏ב אבי יתנו חדד ‏• בידי ‏•

9 חבר חל..א .... חחיב ‏• ולשן ‏• סן ‏• בית ‏• אבי ‏• ובישו ‏• גם ‏• אכל ושתא אזיי ‏•

10 ובימי ‏• יתמר רf .... קי ‏• לנצב ‏• יסח ‏• ולנצב ‏• זרי ‏• ולבני ‏• כפיו ‏• חלים ש‏ם יקה ‏•

11 אשל לחם ‏• ריני ‏• ~ ~ ~ כ ‏• אל ‏• ורכבאל ‏• ושמש ‏• וארק ‏• רשף ‏• וכבדו ‏• נחנח ‏• לי ‏• ואמצ כרח

12 יראביד ‏• חלב ‏• ~ ~ ~ ‏• ‏//שיב ‏• לאלחי ‏• יסח ‏• יקחו ‏• סן ‏• ידי ‏• ר‏חא סאל ‏• מן אלחיו מ‏חיי ‏•

13 לי ‏• וארק ‏• יסח ... קרל ‏• אלחי ‏• סח ‏• שלא ‏• נתן ‏• חדד ‏• סח ‏• לשנה ‏• יקיני ‏• לבנא ‏• רבה לבבחי ‏•

14 נתן סח ‏• חלב .. .~ ‏• בסא ‏• סבני חבח ‏• י ‏• קנח ‏• נצב ‏• חשב זן אסקף פנמו ‏• בר קרל ‏• מלך

15 יאדי ‏• למנאלוח ~ ‏• פסנסו ‏• בני ‏• אחז .... רויסב על ‏• מסב ‏• י ‏• ויזעד ‏• אברי ‏• ויזבח ‏•

16 חדד רב ‏• ~ ~ ‏• ~ ‏• ~ משי ‏• ויזבח ‏• ~ ..... שלבאי זבח ‏• הדד ‏• ייזבח אשב ‏• הדד‏אי ‏•

17 לא סא ‏• אלאים ~ א ‏• נבס ‏• פנסו ‏• עסד ‏• יחס..... בס ‏• פנסו ‏• עסד ‏• לחיוב ‏• נבס פנסו עם

18 אר ‏• יתזרי ‏• .... זבח ~ זא חלם..... רקי ‏• בה ‏• סאל הדד ‏• ילאל ~ רכבאל ‏• יסמם‏ם ‏•

19 ..... חן ‏• ~ ~ ~ ב ... ‏• יק ‏• זא ‏• ר ~..... ‏• יחוסב ‏• ח ‏• ב ~ רו‏חי ‏• או‏חזב‏בח ‏• ב ‏• חסא‏חן ‏•

20 .... .. ‏• נתו ‏• ליזרע ‏• חלא..... ירך ‏• ~ .... ‏• ‏• יבני ‏• ‏• יאחו חסר ‏• ויסב על ‏• מסב הסלך

21 עלי ‏• שחא ‏• ייספד ‏• אבריי ‏• ~ב .... ח ... . ‏• ‏• ‏• ‏• ‏• ‏• ‏• ‏• ‏• ‏• ‏• ~ .. ‏• ~ ‏• ~ ב ‏• ~

22 עם ‏• הדד וחסא ‏• נבס ‏• פנסו ‏• עב ~ ~ חא .... חתן ‏• וזבח ‏• יאל ‏• וארק ‏• בה יסז ‏•

23 ישאל ‏• אל ‏• יתן לה הדד ‏• והדד ‏• חרא ליתבה ... ~ ~ ~ אל ‏• יתן ‏• לה לאנגלב ‏• לב‏יי ‏•

24 ושמח ‏• לסנצ ‏• סנה ‏• בללא ‏• יר‏וה ‏• סתן ‏• לחזי ‏• יב ... . יח ....

25 יאחז ‏• חסר ‏• ביאד ‏• י‏[ו] ‏• ויסכ ‏• על ‏• סבני ‏• ויסל‏[ד] ...... יח ‏• ירח ‏• בחרב ב ... ‏• אר‏יא‏י ‏•

26 .... ‏• ~ ח ‏• סאל ‏• יחרב או ‏• ברגו ‏• אר ‏• על ~ א ‏• יא‏י ~ ‏• חוסו ‏• סח ‏• אר ‏• על ‏• קשח ‏• יא‏י ‏• על ‏• אמ‏חזה ‏•

27 ...... חת ירסי ‏• סח ‏• יר‏אשי ‏• חרי ‏• חיא ‏• או ‏• באסרי ‏• חזסי ‏• בחיה ‏• אר ‏• באסר ‏• ‏•

28 חרח ‏• אחה ‏• ...... ‏• ירסי ‏• סחת ‏• יגסר ‏• סא ‏• ~ לח ‏• זני ‏• יקם ‏• יתח ‏• בסעצה ‏• מרצה ‏•

29 יאסר ‏• אחכם ‏• הסאת ‏• הני .... באי ‏• ירה ‏• לאלח ‏• אבה ‏• משח ‏• אסרו ‏• הי ‏• אנם ‏• סת ‏• אסרה ‏• אלי ‏• בפם ‏•

30 זר ‏• אסר ‏• קי ‏• קיני ‏• אי ‏• על ‏• חא‏י .... ני ‏• בפם ‏• אנסר ‏• צרי ‏• נחנו ‏• זמר ‏• הא לחזן בר ‏• איחח ‏•

31 זכרי ‏• סלבחסח ‏• באבני ‏• יתני ‏• ל‏~ .... ‏• ירו ‏• אי‏יחח ‏• סל‏בחבסח ‏• בעלבני ‏• רחני ‏• לו ‏• סחח ‏•

32 באסרה ‏• יתלעי ‏• ע‏יד ‏• ב‏א‏לת .... ‏• על ‏• קסחח ‏• אי ‏• על כל נברה ‏• או ‏• על ‏• אמרחה ‏•

33 אריעל נרבה ‏• אחי ‏• סא‏י ‏• ‏• ‏• סרה ‏• ~ ~ ‏• רח ‏• רס.......... או ‏• חרגח ‏• בחם ‏• ~ ~ ‏• בחסא ‏• או ‏•

34 חחק ‏• עלי ‏• חי ‏• אי ‏• תאלב ‏• אסי ‏• זר ‏• יהרגחי .... ‏• י ‏• יא‏סם ‏•

Vor dem Ohre, in der Schläfengegend sind vier Locken dargestellt, in drei Schichten übereinander hängend, jede einzelne aus drei spiraligen Gängen gebildet und in eine flache Spirale endigend. Unter diesen Schläfenlocken beginnt der Backenbart, jederseits aus einer einfachen Reihe von sieben nebeneinander-stehenden Locken bestehend, die sich unten von einer geraden, oben von einer geschweiften Linie begrenzt, von der unteren Ohrgegend bis zum Mundwinkel hinziehen. Diese geschweifte, nach oben, also gegen die Backenknochen concave Linie ist so scharf abgesetzt, dass man sie vielleicht nicht für die natürliche Haargrenze, sondern für den Rand einer rasirten Stelle zu halten hat; dass die Oberlippengegend selbst jedenfalls rasirt dargestellt ist, wurde bereits oben angegeben. Der sehr kurze und dichte Kinnbart besteht jederseits nur aus sieben Locken, die in zwei Schichten übereinanderstehen, auch diese sind völlig gleich den übrigen Locken, jede aus drei Spiralgängen gebildet, die sich nach aussen bez. hinten flach aufrollen; nur die beiden innersten Löckchen der oberen Reihe, also die beiden unmittelbar unter der Unterlippe liegenden gehen etwas aus der Reihe der übrigen heraus; sie sind kleiner als diese, bestehen nur aus zwei Spiralgängen und hängen nicht gerade herunter, sondern ziehen von den Mundwinkeln schräge gegen das Kinn zu, so dass da, wo man sonst die mouche stehen sieht, eine kleine dreieckige haarlose Stelle frei bleibt.

Auf der Rückseite ist der Kopf, wie auch die übrige Statue nur ganz flüchtig behandelt; so lässt sich nicht mit Sicherheit abnehmen, ob einige spiralig verlaufende Linien hinter dem Ohre auf das Haupthaar zurückzuführen sind, oder nicht eher auf einen gemusterten Stoff, der von der Mütze aus über den Hinterkopf herabhängt.

Unklar ist auch eine etwa wie ein halber Stern aussehende Verzierung, die vorn in der Mitte der Kopfbedeckung zwischen und unter den Hörnern in dünnen Linien schwach eingeritzt ist, sie lässt ihre ursprüngliche Form nicht mehr mit Sicherheit erkennen, nur dass sie schon ursprünglich vorhanden und zum Schmucke der Mütze bestimmt war, werden wir jedenfalls annehmen können; einige andere Linien aber, welche vorn in der linken Achselgegend sichtbar sind, dürften vielleicht erst nachträglich eingeritzt sein; wenigstens würde gegen ihre Auffassung als Gewandfalten der Umstand sprechen, dass sie nur auf einer Seite angedeutet sind, während sonst bei dem ganzen Bildwerk eine peinlich gewahrte Symmetrie nicht verkannt werden kann.

Noch ist zu erwähnen, dass die untere Bruchfläche der Statue, soweit diese überhaupt aufgefunden ist, also die unregelmässige Fläche, mit welcher sie gegenwärtig ihrem Unterbaue aufruht, in ihrer ganzen Ausdehnung mit zahlreichen, gegen 3 cm im Durchmesser haltenden kurzen Dübellöchern durchsetzt vorgefunden wurde. Es muss hieraus wohl der Schluss gezogen werden, dass die Statue schon in sehr früher Zeit, vielleicht sogar schon vor ihrer ersten Aufstellung entzwei brach und dann höchst sorgfältig und mühevoll wieder vereinigt wurde.

B.

Bruchstück einer Statue aus Gerdschin, Dolerit, gegenwärtig im Kaiserlichen Antiken-Museum zu Constantinopel befindlich. Stehende männliche Figur, Beine fehlen, vom Kopfe nur der lange Kinnbart erhalten, vergl. Fig. 13. Die Arme vor der Brust verschränkt. Vom Gewande nur erkennbar, dass es über der Brust zusammengelegt war und eine dreieckige Fläche freiliess.

C.

Torso aus Gerdschin, Dolerit, schlanke stehende Figur ohne Kopf und Beine, auch sonst schlecht erhalten; vergl. Fig. 14.

D.

Fig. 15. Doppelfigur aus Gerdschin etwa ⅕ d. n. Gr.

Doppelfigur aus Gerdschin, vergl. die nebenstehende Fig. 15; Dolerit, sehr beschädigt, Köpfe
und Beine fehlen; beide Figuren hatten die Arme
über der Brust verschränkt. Völlig gleichartige
Bildwerke, zum Theile besser erhalten, haben
wir in dem bereits S. 14 erwähnten Steinbruch
südlich von Nurkhanly im Kurd-Dagh aufgefunden; sie sollen später im Zusammenhange
besprochen werden. Auch die unter C. und D.
angeführten Stücke befinden sich jetzt im Kaiserlichen Antiken-Museum zu Constantinopel.

E.

Statue von Tachtaly-Bunary. Wie oben (S. 48) ausgeführt, jedenfalls vor langer
Zeit verschleppt, jeder Wahrscheinlichkeit nach aus Gerdschin stammend; Dolerit; soweit
erhalten, 1.93 m hoch; ursprüngliche Höhe, da bei der walzenförmigen Gestalt jeder An-
haltspunkt fehlt, nicht genau zu ermitteln, aber auf ± 3.50 m[1] zu schätzen. Ausser den
schlecht erhaltenen Schnürschuhen, deren Arbeit besser aus der Abbildung (Fig. 17, S. 55),
denn aus einer Beschreibung ersehen werden kann, ist die Kleidung durch einen eng-
anliegenden langen Rock und einen mit Borten eingesäumten Mantel gebildet, der etwa in
der Art eines um einen Zuckerhut gewundenen Papierbogens »drapirt« ist, so dass von
einem Faltenwurf keine Rede sein kann; indess scheint ein Theil des Gewandes durch eine
schräg über die Vorderseite laufende Schnur hochgehalten zu sein.

Die Vorderfläche trägt ein 1.00 m hohes, 1.50 m langes Inschriftfeld mit 23 Zeilen
einer altsemitischen Inschrift mit erhaben vortretenden Buchstaben. Über dieselbe wird im
nächsten Capitel von Herrn E. Sachau ausführlich berichtet werden, hier ist nur zu erwähnen,
dass der Anfang sämmtlicher Zeilen, etwa das erste Drittel derselben, gut erhalten ist,
weniger gut das zweite, während das letzte Drittel durch Absplitterung grosser Stücke der
Oberfläche, durch Verwitterung und sonstige Beschädigung sehr zerstört und unvollständig ist.

Ungefähr in der Mitte der grossen Bruchfläche befindet sich eine rundliche Vertiefung, welche ungefähr derjenigen im Zapfen gleicht und vielleicht für ein Dübelloch
gehalten werden könnte. Nach Analogie mit der grossen Statue, die hier unter A. beschrieben
ist und an deren unterer Bruchfläche solche Dübellöcher zweifellos vorhanden sind, muss
man jedenfalls annehmen, dass ab und zu eine vielleicht von brutalen Feinden zerbrochene
Statue durch Verdübelung wieder zusammengesetzt und wohl auch sonst restaurirt werden
konnte; doch ist die ganze Erscheinung des vorliegenden Loches eine völlig andere als bei
den sicheren Dübellöchern des Hadad-Steines, so dass es vielleicht besser ist, anzunehmen,
das Loch sei erst hergestellt worden, als die Statue aus Gerdschin nach ihrem späteren
Standort transportirt werden sollte; damals, da der Stein bestimmt wurde, ein barbarisches
Grab zu schmücken, kam es auf die Inschrift natürlich nicht weiter an und es ist gerne

[1] Von den vorhandenen 1.93 m entfallen 1.30 m auf das Mantelstück, 0.18 m auf die mit Schnürschuhen
bekleideten Füsse, 0.15 m auf die Standfläche und 0.30 m auf einen viereckigen Zapfen der zweifellos in eine
Basis versenkt war; der Zapfen hat etwa 0.40 m im Quadrat und in der Mitte seiner unteren Fläche eine 0.07 m
tiefe, rundliche 0.07 m im Durchmesser haltende Aushöhlung von unklarer Bedeutung. Der Umfang der Statue
beträgt in der Nähe der Bruchfläche 2.70 m, der grössere frontale Durchmesser ebenda 0.90 m, der kleinere
sagittale etwa 0.75 m.

möglich, dass man den Stein, statt ihn auf einen Wagen oder einen Schlitten zu legen, lieber direct als Walze über die Ebene gerollt hat; eine solche Annahme würde die beiden Löcher, das am Zapfen sowohl, als das auf der oberen Bruchfläche in ganz ausreichender Weise erklären und auch für die stellenweise so schlechte Erhaltung der Inschrift einen genügenden Grund abgeben, da man sich leicht vorstellen kann, wie die Statue sich nicht gleichmässig rollte, sondern manchmal auch geschleift wurde, ohne sich um ihre Axe zu drehen.

Felix von Luschan.

Fig. 16. Unterer Postament des Jünglings.

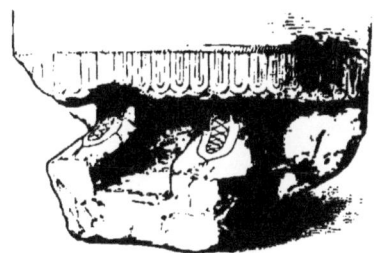

IV.

DIE INSCHRIFT DES KÖNIGS PANAMMÛ VON ŠAM'AL.

MITGETHEILT VON EDUARD SACHAU.

— ◦+◦— ·

Die hier zum ersten Mal veröffentlichte Inschrift, deren Erklärung die folgenden Blätter gewidmet sind, ist im Frühling 1888 auf einem alten Muhammedanischen Friedhofe, einer Localität, die den Namen *Takhtaly Bunar*, d. i. *Balken-Quelle* führt, eine halbe Stunde nordöstlich von Dorf und Hügel *Zendjirli* (= *Kettendorf*) im Gebiete von *Isldhijjr* (*Nikopolis*) in Nordsyrien gefunden worden. S. den Bericht des Finders Herrn Dr. F. v. LUSCHAN in der vorstehenden Abhandlung Cap. III, S. 48 und die diesem Hefte beigegebene Karte von H. KIEPERT.

Nachdem der erste Erklärungsversuch mit Hülfe von Photographien und Papierabdrücken unternommen worden war, konnte von dem Sommer 1889 an das seitdem im Königlichen Museum zu Berlin befindliche Original selbst zu Rathe gezogen werden. Das Ergebniss dieser Arbeiten wurde am 17. April 1890 der Königlichen Akademie der Wissenschaften zu Berlin vorgelegt.

Das Facsimile der Inschrift und die Schrifttafel sind der Meisterhand des Herrn A. LÜTKE, Pankow bei Berlin, zu verdanken.

In der Transliteration des Semitischen Alphabets ist Alef durch ׳, Ain durch ׳ ausgedrückt, weil diese Zeichen der Grösse, dem Kegel der umgebenden Schrift bequem angepasst werden können und in jeder Druckerei vorräthig sind.

Die hier zum Abdruck kommende Untersuchung gliedert sich naturgemäss in drei Abschnitte, eine allgemeine Einleitung, eine Umschreibung in hebräische Schrift mit Anmerkungen und eine Übersetzung mit Bemerkungen über Schrift und Sprache der Inschrift.

I. EINLEITUNG.

I. TIGLATPILESER III.

Jesaias sagt von dem Assyrer: *sein Herz stehet zu vertilgen und auszurotten nicht wenige Völker* (Cap. 10, 7), und thatsächlich lernen wir die Assyrischen Imperatoren aus ihren eigenen Inschriften lediglich als grosse, stets auf neue Eroberung bedachte Kriegsfürsten kennen. Von ihren Residenzen am mittleren Tigris ausgehend haben sie, unzweifelhaft bewundernswerth in der Überwindung natürlicher Hindernisse, sich südwärts den Weg bis an den Persischen Meerbusen erkämpft, sind ostwärts über die Alpenpässe im Quellgebiet des oberen Zab in Medien eingedrungen, gegen Norden in Armenien, gegen Nordwest in Cappadocien und angrenzende Länder Kleinasiens. Am glänzendsten aber praesentirt sich ihr Siegeslauf vom Tigris bis zum Nil im 7. Jahrhundert vor Chr. Geb., nachdem derselbe durch die Eroberung von Syrien und Palästina in der letzten Hälfte des 8. Jahrhunderts vorbereitet worden war. Ihre Marschrouten, wie sie in den Keilinschriften vorliegen, sind die werthvollsten Quellen für die historische Geographie von Westasien im hohen Alterthum.

Im Jahre 722 vor Chr. Geb. wurde die Residenz der Könige von Israel, Samarien nach mehrjähriger Eroberung von den Assyrern eingenommen und dem Reiche Israel, besonders durch Massendeportation, ein Ende bereitet. Während der biblische Bericht in 2. Könige Cap. 17 als den Vater des Vernichtungswerkes nur *den* König von Assyrien nennt, waren es thatsächlich zwei Könige von Assyrien, die sich in dasselbe theilten: *Salmanassar IV.* (727—722), der es begann, und *Sargon* (722—705), der es vollendete.

Zehn Jahre früher war Damascus, Stadt und Reich, der Fürst *Rezin* und sein Volk einem anderen Assyrischen Eroberer erlegen, dem Vater des eben genannten *Salmanassar*, König *Tiglatpileser III.*, ein Ereigniss, das Bibel (2. Könige Cap. 16) und Keilschrift übereinstimmend berichten.

Über das, was weiter nordwärts im mittleren, Hamathenischen und im nördlichen, Aleppinischen und Antiochenischen Syrien geschehen war, geben uns die historischen und prophetischen Bücher der Bibel nicht mehr ausführlichen Bericht, sondern nur einzelne Andeutungen. Diese Dinge lagen zu sehr ausserhalb des Gesichtskreises der biblischen Autoren, und mehr noch ausserhalb des Interesses der späteren Sammler und Redactoren, denen die biblischen Schriften ihre jetzige Gestalt verdanken. Nicht ohne schwere Kämpfe war es *Tiglatpileser III.* gelungen sich die lange Strasse von den Furth- und Brückenstellen des Euphrat bis nach Damascus zu eröffnen und zu sichern; drei Jahre lang hatte er die Stadt *Arpad* zwischen den Flüssen Kuwêk und Afrin berannt, und das Ende, das er ihr bereitet, muss auf die Gemüther der Zeitgenossen bis nach Jerusalem hin einen tiefen Eindruck gemacht haben, denn ein solcher giebt sich noch in den biblischen Berichten über die Ereignisse einer etwas späteren Zeit deutlich zu erkennen. König *Sanherib* wendet 701 eine Botschaft an König *Hiskia* von Juda nach Jerusalem. Auf der Stadtmauer stehen die Vertreter *Hiskia's*, draussen vor derselben die Assyrer und äussern sich in Hebräischer Sprache vor den Ohren des auf den Mauern lauschenden Jüdischen Volkes:

»Gehorchet *Hiskia* nicht; denn er verführet euch, dass er spricht: Der Herr wird uns erretten.

Haben auch die Götter der Völker, ein jeglicher sein Land errettet von der Hand des Königs von Assyrien?

Wo sind die Götter zu Hemath und *Arpad?* Wo sind die Götter zu Sepharwaim, Hena und Iwwa? Haben sie auch Samaria gerettet von meiner Hand?« u. s. w. 2. Könige 18, 32.

Noch einmal wendet sich *Sanherib* mit einer Botschaft an König *Hiskia:*

»Lass dich deinen Gott nicht aufsetzen, auf den du dich verlässest und sprichst: Jerusalem wird nicht in die Hand des Königs von Assyrien gegeben werden« u. s. w.

»Wo ist der König zu Hemath, der König zu *Arpad* und der König der Stadt Sepharwaim, Hena und Iwwa?«

2. Könige 19, 10. Dasselbe auch bei Jesaias 10, 9.[1]

Hemath war 720 durch *Sargon* definitiv dem Assyrischen Reiche einverleibt, *Arpad* 741 von *Tiglatpileser III.* erobert worden.

Der letzte König, mit dem es wir hier vornehmlich zu thun haben, tritt, nachdem er 745 den Thron bestiegen, bereits 743 in Nordsyrien auf, und verweilt von da an vielfach in Syrien und Palästina im Heerlager, namentlich in den Jahren 743 — 740 und 734, 733, 732. Im Jahre 731 zog er nach Babylonien und starb 727, ohne Syrien wieder betreten zu haben.

Über die anderweitigen Ereignisse seiner Regierungszeit — abgesehen von der Eroberung von Arpad und Damascus und dem Zuge nach Palästina im Jahre 734 —, über die Beziehungen des Königs zu den Kleinstaaten im nördlichen und mittleren Syrien und in den nördlichen Grenzlanden können wir der Bibel keinerlei Auskunft entnehmen, wohl aber den von Tiglatpileser selbst herrührenden Denkmälern in Keilschrift. In diesen berichtet er an zwei verschiedenen Stellen, dass eine Anzahl von Königen oder Fürsten ihm Tribut dargebracht habe. In dem ersteren Verzeichniss werden ausser Nordsyrischen Fürsten auch solche von Mittelsyrien (*Damascus* und *Hamath*), von Palästina (*Samaria*), von der Phönicischen Küste (*Tyrus* und *Byblus*) und andere aufgeführt; in dem zweiten ist *Damascus* verschwunden, dafür aber treten neue Fürsten auf, deren Erwähnung in diesem Zusammenhange auf eine noch grössere Ausdehnung des Assyrischen Machtbereichs hindeutet, Fürsten von *Arados, Ammon, Moab, Askalon, Juda, Edom* und *Gaza*. Die erstere Tributleistung fällt nach der Angabe der Inschrift in das 8. Regierungsjahr Tiglatpileser's, d. i. 738 vor Chr. Geb., die zweite wird von Tiele dem Jahre 734 zugewiesen.[2]

---

[1] Jesaias prophezeit im Jahre 701 das Verderben der Assyrer und lässt Jehova sprechen: »Weil du denn wider mich tobest und dein Übermuth vor meine Ohren heraufgekommen ist, *so will ich meinen Haken durch deine Nase legen und meinen Zügel durch deine Lippen*. u. s. w. Einer merkwürdigen Ironie des Schicksals verdanken wir einen steinernen Commentar zu diesem Ausspruch des grossen Propheten. Auf der Statue von König *Esarhaddon*, dem Sohne *Sanherib's*, die sich seit 1889 im Königlichen Museum zu Berlin befindet, sehen wir zu Füssen des Königs, an Armen und Füssen gefesselt, zwei Fürsten liegen. Einem jeden von ihnen ist *ein Strick durch beide Lippen gezogen*, und diese beiden Stricke werden gehalten von der Hand *Esarhaddon's*, der also mit *Jesaianischen* Worten sagen konnte:

ובחחי בשפתיך •ich habe meinen Zügel durch deine Lippen gelegt».

Esarhaddon regierte von 681—668.

[2] Vergl. C. P. Tiele, Babylonisch-Assyrische Geschichte S. 231, 233 und Ed. Schrader, Keilinschriften und das Alte Testament, 2. Auflage S. 250 ff.

In diesen beiden Verzeichnissen der dem grossen Tiglatpileser Tribut bringenden Fürsten wird ein

Panammû der Samalâer,

d. i. *Panammû* Fürst oder König von *Samal* erwähnt: nach meiner Ansicht diejenige Persönlichkeit, welche der Basaltblock im Königlichen Museum zu Berlin, auf dem eine Altaramäische Inschrift in Haut-Relief[1] ausgearbeitet ist, die untere Hälfte einer roh ausgeführten Statue, darzustellen bestimmt war. S. die Photographie gegenüber dem Titelblatt.

<h2 style="text-align:center">2. SAM/AL.</h2>

Was wir aus dem Alterthum über *Samal*, das Reich unseres *Panammû*, erfahren, setzt sich zusammen aus einer kleinen Anzahl von Notizen, welche die Existenz desselben für einen Zeitraum von etwa 233 Jahren, von 859—626 vor Chr. Geb. bezeugen. Diese Nachrichten entnehmen wir den keilschriftlichen Berichten über die Feldzüge der Assyrerkönige von *Salmanassar II.* (860—825) bis *Assurbaniapal* (668—626). Aus Verhältnissen, die sich zur Zeit unserer Kenntniss entziehen, war in Nordsyrien die Saat der Kleinstaaterei aufgegangen, so dass wir das Land politisch zertheilt finden in einer Weise, welche an die Vertheilung Sachsens und Thüringens über die einzelnen Zweige des Kurfürstenhauses erinnert. In der Rolle völlig unabhängiger Reiche erscheinen *Kummuḫ*, das *Ḫatti*-Reich von *Karchemisch, Patin, Gurgum* und *Samal*, und auch die Städte *Ḫazazu* (Syrisch חזו), *Arpad* und *Ḫalman (Aleppo)* werden erwähnt wie die Centren selbständiger Fürstenthümer oder Stadtherrschaften. Alte einheimische Fürstengeschlechter regieren in diesen Ländern und versuchen zuweilen sich gegen den gemeinsamen Feind durch Bündniss widerstandskräftiger zu machen, indessen vergebens. Ein Land nach dem anderen wird von der einheitlich organisirten Heeresmacht der kriegerischen Fürsten Assyriens bezwungen, ausgeraubt und zur Tributleistung gezwungen. Aufstände, Versuche, das freunde Joch abzuschütteln, werden blutig unterdrückt. Eine Zeit lang werden die einheimischen Fürsten noch auf den Thronen ihrer Väter belassen als tributpflichtige, wohl auch Heeresfolge leistende Vasallen des *Dominus rex Assyriae*, der ausser seiner militärischen Überlegenheit auch innere Zwistigkeiten in den einheimischen Fürstengeschlechtern geschickt zu seinem Vortheil auszunutzen versteht. Schliesslich werden die Städte und Länder annectirt, von den Statthaltern des Königs regiert, und die einheimischen Fürsten verschwinden unter den Millionen seiner Unterthanen. Die Annexion speciell Nord- und Mittelsyriens gelangte zum Abschluss unter *Sargon* 722—705.

Nach dem ältesten Bericht ist *Samal* der Name eines Landes, nicht einer Stadt, denn dem Worte *der Samalâer* ist das Determinativ für *Land* vorangesetzt. Die Burg oder Hauptfestung des Landes heisst *Latibu*. Land und Burg werden erwähnt von *Salmanassar II.* in der Monolith-Inschrift (s. Eb. Schrader, Keilinschriftliche Bibliothek I S. 156—159. 170. 171). Dieser König besiegt im Jahre 859 eine Coalition Nordsyrischer Fürsten und zwingt sie zur Tributleistung, unter ihnen

Ḫa-a-a-nu (mât) Sa-ma-i-la-a-a,

der auch genannt wird

Ḫa-ja-ni apal Ga-ba-ri

und

Ḫa-ja-a-nu apal Gab-ba-ri ša irpa šadi Ḫa-ma-ni

---

[1] Die Phönicischen und Assyrischen Inschriften, ebenso die *Mescha-* und *Siloah-*Texte sind in den Stein eingegraben, während die Bilderschrift des Nordsyrischen Alterthums ebenso wie diese Altaramäischen Texte und die *Têma-*Inschrift in erhabener Arbeit dargestellt sind.

(vergl. den Originaltext bei Rawlinson, *Cuneiform inscriptions of Western Asia* III S. 7 Col. 1 Z. 53; Col. II Z. 24; S. 8 Z. 83). Danach scheint dieser Fürst den gut Semitischen Namen *Hajjän* حيّان‎[1] Sohn des *Gabbär* גבבר‎ geführt zu haben. Auch der Name seines Landes ist deutlich Semitisch, denn *Samal* ist die Assyrische Aussprache des einheimischen Namens שמאל‎ d. i. *Samial* (Hebräisch שמאל‎, Altarabisch شِمَال‎, Assyrisch *šumēlu*, Syrisch ܣܡܵܠܐ‎) d. i. *samal* = *links*, eine Bezeichnung, die in letzter Instanz darauf zurückzuführen ist, dass die Semiten sich mit dem Gesicht gegen die aufgehende Sonne geographisch orientirten. Daher die Bezeichnungen קדם *corue* für *Osten*, mit *Aharri* (*das rückwärtige*) für *Palästina*, den *Westen*, und *Jemen* (*rechts*) für Südarabien. Links oder die linke Seite ist der Norden.

In Betreff der anderweitig mir nicht nachweisbaren Festung von *Samal: Lutibu* (*āl dannutišu ša Ha-a-ni* s. Rawlinson CIWA. III, 7 Col. 1 Z. 42) ist zu beachten, dass die Zeichen auch die Lesung *Tib-ti-bu* und *Dib-ti-bu* zulassen. Die Endung *ibu ib* bez. ein *b* mit vorhergehendem kurzen Vocal findet sich mehrfach im Auslaut Nordsyrischer Ortsnamen, z. B. in *Tennib* (Dorf westlich von Arpad, bei *Jdkit*, geschrieben تنّب‎), *Innib* انّب‎ (Dorf im Gebiet von *Azäz*), *Anob* (Dorf auf der Route *Samsat-Beni*), *Zerneb* (Dorf auf der Route *Samsat-Adiaman*), *Idlib*, *Tell-Ellib* (westlich vom *Afrin*, südlich von *Kyrrhos*).[1]

Die dem Namen des *Hajjän* beigefügte Bemerkung *ša ārpa šadi Hamani*, d. h. *welcher am Fusse des Amanus*, stimmt vortrefflich zu dem Fundort unseres Denkmals, der Gegend von *Zengirli*, denn westlich davon erheben sich die bewaldeten Rücken des Amanus.

In den inschriftlichen Denkmälern aus den Zeiten der Nachfolger *Salmanassar's II.*, *Samši-Rammän*, *Rammän-Nirāri III.*, *Salmanassar III.*, *Ašurdān*, *Ašurnirāri* wird *Samal*, soweit ich sehe, nicht genannt. Erst bei *Tiglatpileser III.* taucht es wieder auf (s. S. 9), und zwar nicht als *Land*, sondern als *Stadt*, denn ihm geht das Determinativ für *Stadt* voraus (s. Keilinschriftliche Bibliothek II S. 20, 30). Ob diesem Wechsel in der Schreibung ein Wechsel in den Verhältnissen zu Grunde liegt, ist nicht überliefert; jedenfalls finden wir in der Folgezeit das Wort *Samal* nur als Stadtnamen gebraucht.[2]

Zum dritten Mal begegnen wir *Samal* in einer kurzen Notiz über das Jahr 681 vor Chr. Geb. Es ist nicht mehr das Reich oder die Residenz eines einheimischen Syrischen Fürsten, sondern eine Assyrische Provincial-Hauptstadt, der Sitz eines Assyrischen Statthalters, und das Geschlecht des *Hajjän*, des *Panammu* ist verschollen. Für das genannte Jahr, in dem Sanherib starb und sein Sohn Esarhaddon seit den Thron erkämpfte (vergl. Jesaia 37, 38), wird als *limu* (Jahres-Eponym, Jahres-Consul) der *Statthalter ša . laj von Samal* (geschrieben *Sa-am-al-la, Sa-ma-al-la*) angegeben (s. G. Smith, *History of Sennacherib* S. 22 und *Assyrian eponym canon* S. 68). Derselbe König Esarhaddon verweilte, als er von der Eroberung Aegyptens zurückkehrte, wahrscheinlich im Jahre 670 eine Zeit lang in *Samal* und liess dort sein gegenwärtig im Königlichen Museum zu Berlin befindliches Standbild sammt Inschrift anfertigen und aufstellen.[4]

---

[1] Eine im Altarabischen nicht sehene, wohl von den Nabatäern entlehnte Namensform von der Wurzel حين‎. Vergl. التنبّل‎ حين‎ bei *Ibn Wādih* (Ed. Houtsma, s. Index), *Ibn Elathir* und sonst. Auch in einer Nabatäischen Inschrift bei Euting, Nabatäische Inschriften aus Arabien S. 17 Nr. 51.

[2] Ein Urtheil über die Natur dieses Auslautes, ob wurzelhaft oder Bildungselement, dürfte zur Zeit nicht möglich sein.

[3] Vergl. Über den Wechsel der Determinative für Land und Stadt, Schrader, Keilinschriften und Geschichtsforschung S. 95—97.

[4] Dass *Esarhaddon* gerade in *Samal* und nicht etwa in Aleppo oder Arpad sein Lager aufschlug, könnte vielleicht durch den Umstand veranlasst worden sein, dass nirgendwo in ganz Syrien eine grosse Anzahl Pferde so reichliche und gute Weide findet wie im Gebiet des *Amk*, ebenso reichliches Wasser, und dass nirgendwo im vorderen Orient — vielleicht ausgenommen den *Haarda* und *Serūj* — so reichliche Getreidernten vorzukommen pflegen wie im *Amk* und an seinen Rändern.

8*

Schliesslich wird *Samal* (*Sa-am-al-la*) erwähnt:

1. In einem Verzeichniss Syrischer Städte bei RAWLINSON CIWA. II. 53, 1. Z. 43 (vergl. SCHRADER, Keilschriften und Geschichtsforschung (S. 121. 122) und

2. in einer Liste der Tributleistungen Syrischer Städte bei RAWLINSON a. a. O. II, 53, 3. Z. 61 (vergl. SAYCE, *Records of the past* I. ser., XI. 144).

Es ist nicht bekannt, in welchem Jahr diese Verzeichnisse angefertigt worden sind; da sie indessen der Bibliothek *Assurbanipal's* entstammen, so können sie nicht jünger sein als 626, das Todesjahr dieses Königs.

Hiermit verschwindet *Samal* und fällt der Vergessenheit anheim. Es ist mir nicht gelungen aus späteren Zeiten ein Zeugniss für seine Existenz aufzufinden. Das politische, wirthschaftliche und geistige Leben des *Amk* und seiner Nachbarländer culminirte in späteren Jahrhunderten in den Städten *Kyrrhos*, *Antiochia* und *Seleucia*, *Marsel* (*Germanikeia*) und in den Klöstern der ostwärts angrenzenden Gebirgslandschaften جبل المشا، جبل، جبل السما u. s. w.

Lautgeschichtlich beachtenswerth ist die Differenz in der Schreibung des Wortes. Während in den Inschriften von *Salmanassar II.* und *Tiglatpileser III.* (im 9. und 8. Jahrhundert vor Chr. Geb.) das Alef geschrieben wird, ist es im folgenden, dem 7. Jahrhundert nicht mehr vorhanden, wird jedenfalls nicht ausgedrückt. Die chronologische Reihenfolge der Schreibungen ist folgende:

Sa-ma-i-la-a-a,
Sa-am-i-la-a-a,
Sa-ma-al-la und *Sa-am-al-la*.

Wir fassen die vorstehenden Angaben in folgende Punkte zusammen:

1. *Samal*, ein Land, unter dem Fürsten *Hajân*, Sohn des *Gabbâr*, im Kampfe mit *Salmanassar II.* 859 vor Chr. Geb.

2. *Samal*, eine Stadt unter dem Fürsten *Panammû*, tributpflichtig gegen *Tiglatpileser III.* (745—727) gemäss den Verzeichnissen tributbringender Fürsten aus den Jahren 738 und 734.

3. *Samal*, Residenz eines in der Assyrischen Beamten-Hierarchie sehr hochgestellten Provincial-Statthalters im Jahre 681.

4. *Samal* wird von König *Esarhaddon* auf seiner Rückkehr aus Aegypten besucht, wahrscheinlich um das Jahr 670.

5. *Samal* erwähnt in Städteverzeichnissen, die vor dem Jahre 626 geschrieben worden sein müssen.[1]

3. PANAMMÛ UND BAR-REKÛB.

Als ich in der ersten Zeile der Inschrift die Worte las:

»*Statuam hanc posuit x patri suo* τῷ תבל· *PNMW*,

war mir dieser Name nicht bekannt; es erinnerte mich aber der nicht gerade sehr häufige Auslaut -*mü* an den Namen *Tutammü*, der mir irgendwo bei der Lectüre der historischen Inschriften der Assyrerkönige begegnet war. *Tutammü* war bald gefunden; es war der König von *Kinalia* (in der Bibel כלנה), der Hauptstadt des Landes *Unki*, das von *Tiglatpileser III.* annectirt wurde. Vergl. das Annalen-Fragment bei RAWLINSON CIWA. III, 9, 1.

---

[1] Das Hauptsächlichste über *Samal* ist bereits in dem vortrefflichen Buche von WALDEMAR SCHMIDT, *Assyriens og Aegyptens gamle historie* II S. 735 mitgetheilt.

Die weitere Verfolgung dieser Fährte liess mich alsbald den in den Inschriften desselben Assyrerkönigs zweimal vorkommenden Namen

Pa-na-am-mu-u

finden, eine Namensform, die sich so genau wie nur möglich mit dem *PNMW* פנמו unserer Inschrift deckt.

Der Name war anderweitig nicht bekannt; er konnte sehr wohl in verschiedenen Zeiten und Ländern in Gebrauch gewesen sein, und die Frage, ob der *Panammu* der Inschrift mit dem *Panammu Tiglatpileser's III.* identisch sei, blieb zunächst offen. Die weitere Entzifferung des Papierabdruckes brachte indessen bald die gewünschte Auskunft. Ich las an mehreren Stellen mit vollkommener Sicherheit:

מראה · תגלתפלסר · מלך · אשור d. i. *Dominus Tiglatpileser rex Assyriae.*

Wenn also *Tiglatpileser* in seiner Inschrift einen *Panammu* erwähnt, so erwähnt *Panammu* in der seinigen einen *Tiglatpileser.* Hier war an ein Spiel des Zufalls nicht mehr zu denken: *Der Panammu der Inschrift ist derselbe, der dem Könige Tiglatpileser III. Tribut brachte.* Und damit war die erste, völlig sichere chronologische Fixirung für das Denkmal und die Inschrift wie für das ganze, durch zahlreiche Funde vertretene Culturwelt, welche in dem Hügel von *Zendjirli* den Schlaf der Jahrtausende geschlafen hat, gewonnen.

Panammu ist ein Zeitgenosse von Tiglatpileser III., der von 745—727 den Assyrischen Thron einnahm; die ausgegrabenen Denkmäler gehören der zweiten Hälfte des 8. vorchristlichen Jahrhunderts, dem Zeitalter des Propheten Jesaias, an.

Dies etwas stürmisch gewonnene Resultat hat sich im weiteren, ruhigeren Verlaufe der Arbeit mehr und mehr befestigt; es sind seitdem neue Inschriften hinzugekommen, sie haben neue Räthsel gebracht, zugleich aber auch eine wörtliche Bestätigung des im ersten Anlauf gewonnenen Ergebnisses. Es möge gleich an dieser Stelle Erwähnung finden, dass auch eine specielle Prüfung des Schriftcharakters der Inschrift — ganz abgesehen von historischen Erwägungen — mich bestimmt haben würde dieselbe dem 8. Jahrhundert vor Chr. Geb. zuzuweisen. Vergl. S. 33.

Die Statue des *Panammu* sammt der Inschrift ist ihm gesetzt von seinem Sohne

בררכב

d. i. *BRRKB*, was ich glaube lesen zu sollen

Bar-Rekûb.

Über den Ursprung dieses Namens ist Folgendes zu bemerken: Die Götter, welche der Sohn *Panammu's* anbetete und die er in Z. 22 der Inschrift mit Namen nennt, sind

הדד *Hadad,*

אל *El,*

רכבאל *RKBIL*

שמש *Šemeš.*

Die an dritter Stelle genannte Gottheit ist anderweitig nicht bekannt; sie erscheint mir als ein Compositum von רכב und אל, und das Wort רכב bin ich geneigt, unter Annahme eines Platzwechsels des Radicals ר, wie gerade Liquidae und Zischlaute ihn in Semitischen Wurzeln nicht selten vornehmen, mit dem Biblischen כרב oder כריב zu identificiren und רכבאל zu erklären als

der Cherub[1] El's.

Ob diese Combination Annahme findet oder ob man רכבאל z. B. als *Wagen (Gefährt)* El's oder anders deuten will, ist einstweilen minder wichtig; sehr beachtenswerth aber ist, dass in einem Zusatz der Gott *Rekûb-El* bezeichnet wird als

בעל בית

---

[1] Unter den in *Zendjirli* gefundenen statuarischen Werken sind sphinxartige Figuren, welche auf die etwaige Ähnlichkeit mit den Biblischen *Cherubim* untersucht werden müssen.

d. i. *Herr des Hauses*, was nur bedeuten kann, dass er der specielle Gott, Schutzgott der fürstlichen Familie des Stifters war. Und damit ist die Erklärung seines Namens gegeben; er bedeutet *Sohn des Gottes Rekûb-El*, abgekürzt *Bar-Rekûb*. Vergl. Namen wie *Ben-Hadad*, *Bur-Dada* (Annalen *Tiglatpileser's III.* bei LAYARD 67 [1]), *Bur-Ramana* (*Records of the past*, N. S. II S. 114 col. 2), *Bar-A-na-te* (*Sohn der Anat*, bei *Salmanassar II.* Monolith I, 54. II, 4 vergl. ED. MEYER, Zeitschrift der Deutschen Morgenländischen Gesellschaft 31, 718); ܪܟܒܐܠ, ܪܟܒ, ܐܟܒ u. a.

Bar-Rekûb vertritt chronologisch *die Generation nach Panammu*. War er also ein Zeitgenosse von *Salmanassar IV.* (727—722) und *Sargon* (722—705)? Lässt sich die Zeit, in der er seinem Vater dies Denkmal errichtete, etwa noch näher begrenzen? —

In der Inschrift Z. 18 findet sich ein Passus, der für die Beantwortung dieser Frage vielleicht verwerthet werden kann. Ich lese ihn:

ויעבר · אבי · מן · דמשק · לאשר

»*und er liess hinüberziehen* (?) *meinen Vater von Damascus nach* . . . .?«

Wenn diese Stelle ursprünglich besagte, dass *Tiglatpileser* von *Damascus* aus irgend etwas den *Panammu* Betreffendes angeordnet habe, so kann dies wohl nur 733, als er *Damascus* belagerte, oder 732, nachdem er es eingenommen, Statt gefunden haben. Danach hätte *Bar-Rekûb* im normalen Verlauf der Dinge nicht *vor* 733 oder 732 den Thron seines Vaters bestiegen, und wir dürften das Datum der Errichtung des Standbildes seines Vaters nicht über diese Jahre hinaufrücken.

Leider aber muss darauf hingewiesen werden, dass der bruchstückartige Charakter der Inschrift der Zeugnisskraft der angezogenen Stelle ganz wesentlichen Abbruch thut. Denn ungewiss bleibt, wer das Subject von ויעבר ist, sowie dies Wort selbst und der Sinn der Zeichen לאשר (s. Anmerkung zu der Stelle).

Eine anderweitige Hülfe für die Beantwortung der Frage nach dem Alter unserer Statue entnehme ich dem Eingang einer später zu publicirenden Inschrift (Bauinschrift, gefunden 1891 Februar im *Tell* von *Zendjirli*), in der *Bar-Rekûb* sich bezeichnet als

עבד · תגלתפליסר · מרא · רבעי · ארקא

d. i. »*Knecht* des *Tiglatpileser, des Herrn der Viertel der Erde*«, und im weiteren Verlauf der Inschrift nennt er ihn zweimal מראי d. i. *mein Herr*. Wenn danach jene Bauinschrift zweifellos noch während der Regierung *Tiglatpileser's* gesetzt worden ist, d. h. vor 727, so ist damit allerdings für die Altersbestimmung dieser *unserer* Inschrift eine Grenze, bis zu welcher sie herabgerückt werden kann, noch keineswegs gegeben, denn sie könnte sehr wohl nach der Bauinschrift gesetzt worden sein (unter *Salmanassar IV.* 727 bis 722). Immerhin aber giebt der Umstand, dass in der vorliegenden Inschrift, wie es scheint, nur *Tiglatpileser* und kein anderer Assyrischer König, also weder *Salmanassar IV.* noch *Sargon* erwähnt ist, die Vermuthung an die Hand, dass auch sie in den Regierungstagen *Tiglatpileser's* errichtet worden sei. Die Zeilen 16, 17, 18 der Inschriften (s. die Anmerkungen dazu) ergeben leider kein sicheres Resultat.

Bar-Rekûb wird in den Keilschriften nicht erwähnt; wir wissen daher nichts über seine weiteren Schicksale und über das Ende des Fürstenthums *Samal*. Man hat wohl auf Grund einer sehr zerstörten Stelle in den Annalen (LAYARD, *Inscriptions in the cuneiform character* S. 73 Z. 11. 12 und G. SMITH, *Assyrian Discoveries* S. 283) angenommen, dass *Tiglatpileser* das Ende *Samals* herbeigeführt habe: meines Erachtens ohne genügenden Grund, denn in den fraglichen Zeichen (zu Anfang von Z. 12) vermag ich eine Andeutung des Wortes

---

[1] Vergl. 2. Könige 17, 3: ܫܠܡܢܐܣܪ ܡܠܟ ܐܬܘܪ »*Und Hosea ward ihm Knecht*«, nämlich dem Sohne *Tiglatpileser's*, *Salmanassar IV.*

[2] Bei einem Syrischen Dichter heisst Gott ܟܝܢܐ ܡܪܐ ܒܝܬܐ metro Ephraemi.

Šamal nicht zu erkennen. Dagegen dürfte VALDEMAR SCHMIDT[1] mit der Vermuthung, dass das Land unter *Salmanassar IV.*, also zwischen 727—722 annectirt worden sei, das Richtige getroffen haben, denn in den ausführlichen Inschriften des folgenden Königs, Sargon, werden die an *Šamal* angrenzenden Länder *Gurgum* und *Kummuḥ* mehrfach, *Šamal* selbst dagegen nirgend mehr erwähnt.

Es ist wohl nicht zufällig, dass der Stifter des Denkmals weder seinem eigenen Namen noch denjenigen seines Vaters ein fürstliches Praedikat wie צלם שרא hinzufügt, und man dürfte kaum fehl gehen, wenn man darin ein Zeichen der Deferenz gegen den König von Assyrien sehen will. Die Sache wird aber etwas complicirt durch den Umstand, dass *Bar-Rekûb* sich in der Bauinschrift allerdings seinen fürstlichen Titel צלם שמאל *König von Šamal* beilegt. Der volle Titel lautet:

> אנה · בר[רכב
> בר · פנמו · מל[ך · שמ
> אל · עבד · תגלתפליסר · מרא
> רבעי · ארקא ·

d. h. »*Ich Bar-Rekûb, Sohn des Panammû, König von Šamal, Knecht des Tiglatpileser, des Herrn der Viertel der Erde*«.

Welche Verhältnisse die Quelle dieser Verschiedenheit gewesen sein mögen, warum der Fürst auf seiner Bauinschrift sich zwar den *Knecht Tiglatpileser's*, trotzdem aber *König von Šamal* nennt, während er in der seinem Vater gewidmeten Inschrift seinen Titel gänzlich verschweigt, diese Frage muss der Zukunft überlassen bleiben. Nur das eine sei hier noch bemerkt, was zur Aufhellung der betreffenden Verhältnisse vielleicht beitragen kann, dass *Panammû* im vollen Frieden mit *Tiglatpileser*, als ein treuer Vasall sich seiner Gunst erfreuend, aus dem Leben geschieden sein muss, denn die Bauinschrift berichtet (nach dem Titel):

> »*Wegen der Gerechtigkeit meines Vaters und wegen meiner Gerechtigkeit hat mich sitzen (mich setzen) lassen mein Herr Rekûbêl* (d. i. sein Gott) *und mein Herr Tiglatpileser auf dem Throne meines Vaters.*«[2]

Schliesslich ist noch einer Stelle in Z. 22 unserer Inschrift zu gedenken, wo ich in allerdings sehr dunkeln Umrissen die folgenden Zeichen zu erkennen glaube:

> קבר · קברי · אבי · פנמ[ו

Wenn diese Lesung sich bestätigen sollte, so redet hier *Bar-Rekûb* von *dem Grabe seines Vaters Panammû*. Die Inschrift wäre also eine Grabinschrift und die Stele möglicherweise ursprünglich irgendwo in oder an einem Mausoleum aufgestellt gewesen.

Das Ergebniss dieser Untersuchung ist, dass *Bar-Rekûb* und *sein Vater Panammû* beide Zeitgenossen von *Tiglatpileser III.* waren, dass der erstere die Bauinschrift sicher noch unter *Tiglatpileser's* Regierung und wahrscheinlich nicht viel vor 733/732, also zwischen 733/732 bis 727, gesetzt hat, und dass in aller Wahrscheinlichkeit auch die *Panammû*-Stele und ihre Inschrift innerhalb desselben Zeitraums entstanden sind.

---

4. PANAMMÛ KÖNIG VON JA/DI.

Im Laufe der Sommermonate des Jahres 1891 traf im Königlichen Museum eine neue Basaltstatue von gewaltigen Dimensionen ein, zwar durchgebrochen, aber ziemlich vollständig erhalten, den Gott *Hadad* darstellend und bedeckt mit einer grossen Altaramäischen

---

[1] *Assyrien's og Ægypten's gamle historie* II, 736.

[2] Inhaltlich dasselbe steht auch in dieser Inschrift Z. 19. Auf den Tod Panammû's zur Zeit Tiglatpilesers beziehen sich vermuthlich die Zeilen 16—18.

Inschrift.[1] Zu meinem nicht geringen Erstaunen las ich den Anfang derselben:

אנך · אֲמֹר · בר · קרל · שלך · יאדי · יד · חקמת · אב · זן · לחדד

»Ich Panammû, Sohn des ḲRL, König von JDI" (bin es), der ich errichtet habe diese Statue dem Hadad.«

Also ein zweiter *Panammû*!

Und zwar ein älterer. Allerdings habe ich seitdem in dieser Inschrift weder eine Beziehung zur Assyrischen Geschichte noch auch anderweitige Angaben, auf welche sich eine Datirung nach Jahren oder Decennien gründen liesse, zu entdecken vermocht. Wir sind daher für die Altersbestimmung ausschliesslich auf die Kriterien der Schrift angewiesen. Die Schrift ist auf beiden Denkmälern dieselbe mit folgender Ausnahme: Die drei Zeichen für *t*, *p* und *š* haben hier zweifellos eine ältere Gestalt, dieselbe wie in der *Mescha*-Inschrift (circa 890 vor Chr. Geb.). Vergl. S. 32.

In einem wie langen Zeitraum sich dieser Wechsel der Buchstaben-Zeichen vollzogen haben mag, ob in 50 oder in 100 Jahren, wüsste ich nicht zu bemessen. Nach meiner Ansicht ist die Schrift des *Panammû* von *Jadi* jünger als die von *Mescha*, während sie zweifellos älter ist als die des *Panammû* von *Šamṣal*. Wir müssen uns mit der Vermuthung begnügen, dass die Inschrift des *Panammû* von *Jadi* etwa in dem Jahrhundert von 850—750 geschrieben worden sein kann, und nennen demgemäss diesen Panammû *den Älteren*.

Das Wort *JDI* (*Jadi, Jadai, Jadii*[2]) war mir nicht unbekannt. In der Inschrift des *Panammû* von *Šamṣal* (hier als *P* bezeichnet) findet sich Z. 2 der Passus:

פלטיה · אלה · יאדי · מן · שחדת

»gerettet haben ihn die Götter von Jadi vor seinem Verderben«. In Z. 5 בארץ יאדי »im Lande Jadi«. Ferner in Z. 8:

שבי · יאדי

»die Gefangenen von Jadi«, und in Z. 12:

יאדי

»und mein Bruder (die Stadt? das Gebiet?) Jadi«. Vielleicht ist in Z. 22 zu lesen:

חדד · ואל · ורכבאל · בל · בית · ושמש · יכל · אלהי · יאדי

»Hadad und El und Rekûbêl, der Herr des Hauses, und Šemeš und alle Götter von Jadi.« Auf Grund dieser Stellen nahm ich an, dass *Jadi* der Name eines irgendwie zu *Šamṣal* gehörigen Bezirkes sei.

Da die Inschrift *H* (so bezeichne ich die *Hadad*-Stele des älteren *Panammû*) in dem Tell von *Gerčin*, etwa ½ Stunde nordöstlich von *Zenǧirli*, gefunden ist, so ist zu vermuthen, dass hier in *Jadi* eine Stadt des Namens *Jadi* stand, die Residenz eines Fürsten, dessen Herrschaftsgebiet muthmasslich mit demselben Namen wie die Residenz bezeichnet wurde. Die Inschrift *H* erwähnt es sonst nicht und gewährt auch über diesen Gegenstand anderweitig keinerlei Aufklärung.

Der Name *Jadi* ist aus dem Alterthum nicht überliefert. Eine ähnliche Wortbildung ist *Jadi*, der Name eines Araberfürsten bei *Esarhaddon*; daselbst wird ein Araber(?)-Fürst *Ja-di-i* genannt, wie bei *Salmanassar II*. ein Land *Ja-u-ti*, *Ja-u-i-ti* (jedenfalls nicht in Syrien zu suchen), aber diese Dinge helfen nicht weiter. Vergl. Obelisk von Nimrud Z. 90.

Da die beiden Inschriften bis zu dem Grade zerstört sind, dass der erzählende Zusammenhang für alle Zeit gestört, verloren ist, so darf man kaum hoffen, in das Verhältniss, das zwischen dem älteren *Panammû* und dem jüngeren bestanden haben mag, eine klare Einsicht zu gewinnen. Wenn ich nicht irre, hat der jüngere *Panammû*, der

---

[1] Das Denkmal ist gefunden Febr. 1890 auf dem Tell Gerčin ڭرجين eine halbe Stunde nordöstlich von *Zenǧirli*.

[2] Derselbe Titel auch Z. 14. 15: [...] אב · בר · קרל · זה · שלך

[3] Die Zeichen ، und ، sind in dieser Inschrift deutlich von einander verschieden, so dass eine Lesung ، ausgeschlossen erscheint. Dagegen sind in unserer Inschrift ، und ، nicht immer von einander zu unterscheiden.

eine Art Familiengeschichte giebt, des älteren erwähnt, denn in Z. 5 glaube ich lesen und ergänzen zu sollen:

[ש]מו בני קרל[ ]

Aber das Vorhergehende und Folgende ist zerstört. Der Inhalt von *H*, wo *Panammu* ausser Z. 1 und 14/15 noch in Z. 8, wahrscheinlich in Z. 13 (קרל [בר]), in Z. 17, 21, 22 erwähnt wird, gewährt keine weitere Hülfe. Ausserdem erwächst für die Erklärung von *H* eine gewisse Unsicherheit aus dem Umstande, dass der Anfang, die Zeichen

אזן · מטוי · בי · קרל · מלך · יאורי · די · חקטה · זבב · זן

auf einer Rasur stehen, und zwar die Zeichen

יאורי · די · חקטה · זבב · זן

auf einer einfachen, dagegen die Zeichen

אזן מטוי בי קרל מלך

auf einer doppelten Rasur. Ist diese Verbesserung nur etwa deshalb gemacht worden, weil formell im Ausdruck etwas verfehlt war? Oder stand hier ursprünglich ein ganz anderer Name und hat ein späterer denselben ausmeisseln und den seinigen an die Stelle setzen lassen? — Die Zeilen 14 und 15 dürften, wenn es gelingen sollte sie einigermassen zu ergänzen, über diesen Punkt Licht verbreiten.

Wenn wir die in beiden Inschriften genannten Personen als Glieder einer und derselben Familie auffassen, so wäre folgender Stammbaum möglich:

Ḳaral   (um 815?)
|
Panammu I.   (um 790?)
|
Bar-Ṣûr   (um 765?)
|
Panammu II. um 740
|
Bar-Rekûb um 730

Dieser Annahme kann die andere gegenübergestellt werden, dass die in *H* und *P* genannten Personen getrennte Linien eines und desselben Fürstengeschlechts repräsentiren. In dem Falle sind *Panammu I.* und sein Vater *Ḳaral* wegen des Schriftcharakters etwa der Zeit um 800, dagegen *Panammu II.*, sein Vater *Bar-Ṣûr*, sein Sohn *Bar-Rekûb* der Zeit zwischen 760/770 — 727 anzuweisen.

Nicht zu trennen von diesen Dingen ist ferner die Frage nach der Residenz dieser Fürsten. Der ältere *Panammu* berichtet Z. 2 und 3:

»Und es haben *Hadad* und *El* und *Rekûbêl* und *Šemeš* und *Rekep* in meine Hand gegeben das Scepter von [*Ḥ*]*LBBḤ*.«

Dass zu Anfang des letzten Wortes ein *Ḥ* zu ergänzen ist, beweist der Anfang von Z. 9, wo es heisst:

»das Scepter von *Ḥ*.............«, d. i. *Ḥ*[*ABBḤ*] (etwa *Ḥalbaḥa* zu sprechen). Es ist hierzu weiter nichts zu bemerken als dass *Ḥalbaḥa* ebenso unbekannt ist wie *Jadi*.

Ein ferneres Element der Unsicherheit entspringt dem Fundort der Stele des *Panammu* des Jüngeren. Sie ist gefunden auf einem Friedhofe nordöstlich von *Zendjirli*, ist aber nach der Ansicht Herrn Dr. von Luschan's dorthin verschleppt worden. Aber woher? von *Zendjirli*? oder von *Gerčin*? — Das Wahrscheinlichere ist mir, dass sie ursprünglich in demselben Orte gestanden hat wie die *Hadad*-Statue des älteren *Panammu*, d. i. in *Gerčin-Jadi*. Zu dieser Annahme nöthigt uns meines Erachtens die Erwähnung der *Götter von Jadi* in Z. 22. Indessen *Bar-Rekûb's* Bauinschrift ist in *Zendjirli* (Stadt *Šamal*! *Lulilu*?) gefunden. Demnach hat *Bar-Rekûb* sowohl in *Zendjirli* wie in *Gerčin* residirt; beide Städte gehörten zu *Samal*, als dessen König *Bar-Rekûb* sich selbst bezeichnet und als dessen König wir seinen

Vater durch das Zeugniss *Tiglatpileser's* kennen lernen. *Zeugleich* erscheint dadurch, dass *Esarhaddon* dort sein Hoflager hielt, dass daher auch dort vermuthlich der Assyrische Eponym-Statthalter residirte, in dem Lichte der hervorragendsten Ortschaft jener Gegend zu jener Zeit.

Die Ausgrabungen in Nordsyrien haben einige schlaglichtartige Nachrichten über ein hohes, bisher gänzlich unbekanntes Alterthum gebracht. Was sie uns ganz besonders kostbar macht, ist der Umstand, dass sie mit Angaben in den Keilinschriften combinirt werden können, sowie dass sie Bezug nehmen auf Ereignisse, an und für sich für die Weltgeschichte von geringem Belang, aber als Theile zu einem grossen weltgeschichtlichen Drama gehörig, dessen Entwickelung und Ablauf wir aus den Büchern der Bibel erfahren.

Im 9. Jahrhundert vor Chr. Geb. erscheint ein Fürstenthum *Samal*, auf der Wende des 9. und 8. Jahrhunderts ein Fürst *Panammu Bar Karal*, König von *Jadi*.

In der 2. Hälfte des 8. Jahrhunderts tritt uns alsdann *Bar-Rekub Bar Panammu*, König von *Samal*, entgegen, der seinem Vater ein Denkmal setzt. Vater und Sohn waren Vasallen des Königs von Assyrien *Tiglatpileser III*. Bar-Rekub und sein Vater *Panammu* gehörten vermuthlich derselben Fürstenfamilie an wie jener *Panammu Bar Karal*, denn der Name *Panammu* scheint selten gewesen zu sein und wird thatsächlich nur für dies Gebiet Nordsyriens überliefert. Hat etwa eine Theilung des Reiches stattgefunden? war das Land *Samal* noch ungetheilt unter dem Scepter des Fürsten *Hajjlu*, späterhin dagegen über mehrere Zweiglinien eines und desselben Fürstenhauses vertheilt? Kleinstaatliche Verhältnisse sind auch in *Bar-Rekub's* Bauinschrift angedeutet:

«Und das Haus meines Vaters war voll (?) von Allem. Und ich . . . . an dem Rade (der Herrschaft?) meines Herrn, des Königs von Assyrien, inmitten grosser Könige, Besitzern von Silber und Besitzern von Gold. Und ich habe übernommen das Haus meines Vaters und habe es schöner gemacht als das Haus irgend eines der grossen Könige. Und es haben beigetragen (?) meine Brüder die Könige zu allem, was schmückte mein Haus. Und durch mich ist es schön geworden zur Wohnung für die Götter der Könige von *Samal*. Es ist ein Haus für sie, sie alle. So ist es ein Haus des Winters für sie und es ist ein Haus des Sommers, und ich habe dies Haus erbaut.»[1]

Obwohl mancherlei in dieser Übersetzung unsicher ist, so kann man doch mit Sicherheit aus der Inschrift entnehmen, dass *Samal* nicht blos einen König, sondern mehrere Könige hatte, und dass *Bar-Rekub* sie seine Brüder nennt, dass also eine Anzahl kleiner Fürsten, wahrscheinlich demselben Geschlechte angehörig und, wie es nach *Bar-Rekub's* Worten scheint, mit einander in gutem Einvernehmen lebend, die Herrschaft über die Länder im Norden des Sees von *Antiochien* und südlich von *Marvas* unter sich theilten.[2] Diese Fürstenthümer dürften mehr mit Burg-Herrschaften als mit den kleineren Fürstenthümern Mitteldeutschlands zu vergleichen sein, aber trotz ihrer Kleinheit waren sie Centren des Wohlstandes, der Religion und einer zweifellos seit vielen Jahrhunderten gepflegten Kunstthätigkeit, namentlich der Sculptur und Architektur.

Gemeinsam scheinen in der Hauptsache auch *die Götter der Könige von Samal* gewesen zu sein, denn dieselben Götter, die *Bar-Rekub* verehrt, werden auch von *Panammu* dem Älteren genannt, nämlich *Hadad, El, Rekubel, Semes* (s. oben S. 12) und ausserdem *Rešep*.[3]

---

[1] Diese Übersetzung ist in einer vom Orient-Comité veranstalteten Versammlung im Königlichen Museum für Völkerkunde zu Berlin am 10. Juni 1891 zuerst von mir mitgetheilt worden.

[2] In Z. 10 und 12 unserer Inschrift scheint von Königen von *ABR* die Rede zu sein.

[3] Über *Rešep* vergl. Ed. Meyer, Zeitschrift der Deutschen Morgenländischen Gesellschaft 31, 719. Ob mit *ra* zusammengestellt werden darf das auf der Stele *Esarhaddon's* Z. 7 als Epithet des Gottes *Ramman* vorkommende *ra-ši-bu*? Von derselben Wurzel *rašbabu*, s. Abel und Winckler, Keilschrifttexte, Glossar.

II. UMSCHREIBUNG IN HEBRÄISCHER SCHRIFT UND ANMERKUNGEN.

Die Punkte in meiner Umschreibung der Inschrift sollen angeben, für wie viele Buchstaben nach meiner Schätzung Raum vorhanden ist. Der worttrennende Punkt ist dabei wie ein Buchstabe gerechnet.

Die Grenze zwischen dem lesbaren und dem nicht mehr lesbaren ist oft nicht mit Bestimmtheit anzugeben. Wo ich Bedenken trage, ob meine Lesung eines Zeichens richtig sei, habe ich dies durch einen Punkt unter demselben notirt.

Vollständig ist nur Z. 23. Die Zeilen 1—5 sind — abgesehen von einer am Ende abgebrochenen Stelle — ziemlich ganz erhalten, wenn auch nur zu einem kleinen Theil lesbar. Von der Mitte und dem unteren Theil der Inschrift ist links ein grosser Theil (etwa ein Drittel der Zeilenlänge) abgebrochen, so dass von den Zeilen 6—22 die linksseitigen Theile gänzlich verschwunden sind. Es scheint mir nicht ausgeschlossen, dass dieser Block gelegentlich wiedergefunden wird. Ferner ist in der Mitte unten ein rundes Loch, wodurch Theile der Zeilen 19—21 verloren gegangen sind. In Z. 17 steht das Wort ‏נחרצר‎ auf einer Rasur. Ein Gewandstück, eine Bordüre aus drei Strängen, theilt die sämmtlichen Zeilen in zwei ungleiche Theile, und ein anderes Gewandstück ragt von oben her in die Mitte der ersten Zeile hinein. Unter dem Block sind die Füsse (in Schnürschuhen) noch vorhanden.

Abkürzungen.

H = Inschrift auf der *Hadad*-Statue, gesetzt von *Panammû* dem Älteren.

P = Inschrift auf der Statue des *Panammû* des Jüngeren, gesetzt von seinem Sohne *Bar-Rekûb*.

B = Inschrift des *Bar-Rekûb*, Bauinschrift.

5*

1 מצב׳ זן׳ שם׳ /// סריכב׳ לאבה׳ לצמו׳ בי׳ ברצ ⌐┘ .... ׳ נ .. סהן ׳ . צלם ׳ . בֿי ׳ ....

2 אבה׳ צלטיח׳ א /// לח׳ יאר׳ מן׳ שרית ׳ אלח ׳ דיח ׳ בבית ׳ אבזח ׳ יקם ׳ אלח ׳ ח ..... ש .. ׳ על .... ׳ שרח

3 בברית ׳ אבה ׳ הדע ׳ אב ,, ׳ ח ׳ מרצר ׳ יהרג ׳ שבע ׳ ::: אחהז ׳ אבזח ׳ ם .. ׳ ל ׳ ירבב ׳ ח . נ ׳ ..... בך ׳ עלם .... בעל ׳ .. מהלא .. ׳ מרח

4 ויהרח ׳ םח ׳ מלא ׳ םם ,, ׳ פה ׳ וחכבר ׳ קיהח ׳ חרבן ׳ מן ׳ קיהה ׳ שבן ׳ ו .... ק .... ׳ ם .. ׳ .חמם

5 חרב ׳ בביהד ׳ וחזהן ,, ׳ בי ׳ חד ׳ בי ׳ האם ׳ חויה ׳ ודב ׳ בארק ׳ יאר ׳ יח ..... ל .. מד . ב .. קל ׳ א .... אבי ׳ אזם ׳ בר ׳ בה . נ ׳ אבך ׳ .....

6 םאה ׳ יהוחה ׳ וחמה /// יםשרח ׳ יקם ׳ מרם ׳ במקל ׳ יהמרב ..... בשקל ׳ יאבב . מרם ׳ בשקל ׳ ירבל ׳ אבי ׳ ....

7 םי ׳ מלך ׳ אםיר ׳ יםלב /// ה ׳ י׳ על ׳ בית ׳ אבה ׳ הדע ׳ אבן ׳ מרח ׳ מן ׳ בית ׳ אבה ..... סן ׳ אמר .. ׳ א .... אבי ׳ סן ׳ ב ....

8 יםםש ׳ םסרח ׳ חן /// רך ׳ שבי ׳ יארי ׳ ו .... בי ׳ חרבר ׳ מבי ׳ בם ..... בא . ׳ בית ׳ קיולח ׳ וקיא ....

9 בית ׳ אבה ׳ חדיבנה /// מן ׳ קדםיח ׳ יבביח ׳ חבה ׳ יםשרח ׳ יםאוה ׳ חדיח ׳ ביהמי . ואהאכלח ... רח ׳ ....

10 אלך ׳ םרםד ׳ ובי ׳ ־דר /// אבי ׳ םבד ׳ שם ׳ םח ׳ בעל ׳ מברי ׳ יבעל ׳ רבב ׳ י . ח .. ׳ אבי ׳ םבד ׳ בםצ ׳ ען ׳ םלב ׳ כבי ׳

11 בי ׳ לי ׳ בעל ׳ כםן ׳ חצ ׳ הלן /// בעל ׳ חחב ׳ ביהםרוה ׳ יבםרקח ׳ צד ׳ אח ׳ בםבן ׳ םראוה ׳ םלצ ׳ אסיר ׳ ו ...

12 אסיר ׳ םדי ׳ ראה ׳ יא , /// רד ׳ וחמאה ׳ םראוה ׳ םלצ ׳ אסיר ׳ על ׳ םלם ׳ כבי ׳ בר ....

13 בגלגל ׳ םראוה ׳ הגלהם // לסר ׳ םלן ׳ אסד ׳ םחסד ׳ ... מן ׳ םרקם ׳ םםם ׳ יהר ׳ םיהרב ׳ .. .

14 רבהארק ׳ ובנה ׳ םרקא /// םםם ׳ יבל ׳ םיםרב ׳ יובנה ׳ םיםרב ׳ יבל ׳ םד ... םם ׳ יאבי .

15 נבלה ׳ םראוה ׳ הגל ׳ הםלבר ׳ םל /// י ׳ אסיר ׳ קירח ׳ מן ׳ גבל ׳ םרם ..... אבי ׳ םבד . בר ׳ ב

16 םהרב ׳ יבי ׳ םח ׳ אבי ׳ פם /// י ׳ בלבי ׳ םראוה ׳ הגל ׳ הםלבר ׳ םלצ ׳ אסיר ׳ במהרב ׳ רם .

17 ובנביח ׳ ארחה ׳ םלם ׳ ובניויה /// םהבן ׳ םראוה ׳ םלצ ׳ אסיר ׳ מלה ׳ ולקח ׳ םראוה . םל . י ׳ . שיר

18 י ׳ נבטח ׳ יחקב ׳ לח ׳ םבבי ׳ בצר /// ח ׳ חיחבר ׳ אבי ׳ מן ׳ דםקק ׳ לאסיר ׳ ביהםי . שי .

19 יח ׳ ביהזח ׳ מלח ׳ יאבני ׳ ברבב ׳ ב ,׳ רי ׳ פם .... כי ׳ אבי ׳ יבמדעי ׳ חיםבני ׳ םראי ׳ םלצ ׳ א

20 אבי ׳ םםי ׳ ם׳ ׳ ברצר ׳ יםם ׳ ח ׳ צב ,, ׳ זן ׳ .... י ׳ לצמו ׳ בר ׳ ברצר ׳ ובניח ׳ בם ......

21 יהםי ׳ בםהרח ׳ יעל ׳ יבל ׳ אםן ׳ יסהרן ׳ םלן ׳ .׳ ,, ... ר ׳ ירבל ׳ יזקם ׳ קדםי ׳ קבר ׳ אבי ׳ צ . .

22 יחבי ׳ זזח ׳ הא ׳ פא ׳ חהד ׳ יזאל ׳ יהיכבאל ׳ בצ ,, ׳ על ׳ בית ׳ יהםםש ׳ יםל ׳ אלהי ׳ אלהי ׳ יאםי ......

23 י ׳ קדם ׳ אלהי ׳ יקדם ׳ אבם ׳

Anmerkung. Einige Verschiedenheiten zwischen dieser Umschreibung und dem Facsimile erklären sich aus dem Umstande, dass auch nach der Fertigstellung des Facsimiles noch mancherlei Entzifferungsversuche im Einzelnen unternommen worden sind.

ANMERKUNGEN.

Zeile 1.

מצב זן שם בירבב לאבנה לשמר בר בנר

מב, ebenso Z. 20, *H* 1. 10 (his), 14 = צרב. Für die Nichtschreibung des langen *i* im Wortinnern vergl. צרן Z. 18, צלב *B* 10. 13; ציקו = ציקן in einem unedirten Fragment; צרב, צרב *Corpus inscriptionum Semiticarum* II, 1. no. 38. 75 = צרב, צרבק; s. ferner ציק ציבק צרב צרבן das. no. 1. 38, 39; ציקו צילב no. 113 (Inschrift von *Têmâ*); ציק צרב, צכ no. 145 (*Blacas*-Papyrus). Dagegen ist inneres langes *î* *plene* geschrieben in צרב Z. 4. 15 = צרב. Die Orthographie der Inschriften schwankt, was die Bezeichnung der langen Vocale im Innern und im Auslaut der Wörter betrifft, zwischen der Phönicischen und derjenigen der Bibeltexte hin und her. Es ist zu beachten, dass der *status absolutus* im Nomen vorherrscht und dass eine Accusativ-Partikel wie ית oder ל nicht verwendet wird.

ף, auch Z. 20 und *H* 1. 14. Gleichbedeutend mit ית Z. 22 und *B* 20 (ferner in den Inschriften von *Limyra* und *Têmâ*, und sporadisch im Phönicischen in der Inschrift von *Gebal* CIS. 1 N. 3 Z. 4. 5. 12). Biblisch und Nabatäisch ית, Edessenisch erhalten in Lم = لد *gend*.

Für das ז ergiebt sich folgendes Gesetz der Lautcorrespondenz:

Hebräisch	Altaramäisch	Mittelaramäisch (Biblisch-Aramäisch, Nabatäisch, Palmyrenisch und Syrisch-Edessenisch)	Arabisch
ז	ז	ד	ذ
זרב	זרב	דרב	ذهب
זרחו	זרחו	דרח	اخذ
זכר	זכר	דכר	ذكر

Im Aramäischen hat sich der Wandel von ז zu ד meines Erachtens im 4. Jahrhundert, etwa im Zeitalter *Alexander's*, vollzogen, denn z. B. in den *Bilinguen* aus der Achämeniden-Zeit findet sich nur ז, noch niemals ד. Unter der Wirkung dieses Lautwandels dürften auch Wörter stehen wie:

Hebräisch ארב, Assyrisch *Akribi*, *Ekdippa*;

Assyrisch *Sambir*, Syrisch ארב;

Assyrisch *kurkianu* (Indischen Ursprungs?), Arabisch كركن.

צר, auch Z. 10, und רצץ Z. 20. Ein anderes hohles Verbum ist צ (s. zu Z. 2).

Die Verbindung von צר mit אם ist idiomatisch im Sprachgebrauch Altaramäischer Inschriften, s. CIS. 1 no. 123, 139, 194, 380.

Der Zischlaut in צר *Adm*[1] spricht dafür, dass das Altaramäische auf derselben Lautstufe stand, welche im Biblisch-Aramäischen, Nabatäischen sowie in der Sprache des Palmyrenischen Zoll-Tarifs (s. meine Anmerkung in der Zeitschrift der Deutschen Morgenländischen Gesellschaft 37, 567) erhalten ist, während in den übrigen Palmyrenischen Inschriften schon neben dem צ ein ס vorkommt und auf diese Weise sich diejenige Lautstufe vorbereitet, welche im Edessenischen die Regel geworden ist. Die Lautcorrespondenz ist demnach folgende:

Altaramäisch צ.

Biblisch-Aramäisch und Nabatäisch צ.

Palmyrenisch צ, wechselnd mit ס.

Edessenisch ס.

Hebräisch (nach Masorethischer Aussprache) ט.

Arabisch ض.

---

[1] Ich lese das Altaramäische Zeichen w *ted*, ohne damit über die Geschichte dieses Lautes in noch älteren Zeiten ein Urtheil abgeben zu wollen.

In dieser Inschrift Z. 6. 9:

‏רוב‎ = Hebräisch ‏רוב‎ = Edessenisch ‏בהא‎ = Arabisch ‏جنب‎

‏רוב‎ R 18 = Hebräisch ‏רב‎ (= ‏רב?‎) = Edessenisch ‏בהא‎ = Arabisch ‏جنب‎

Hierher gehört auch ‏רב‎ in den Bilinguis CIS. II 1 no. 1.

‏רוב‎, s. oben S. 12. Zwischen ‏רב‎ und ‏ב‎ ist der Abstand etwas grösser als sonst zwischen zwei Zeichen, aber ein Trennungspunkt nicht vorhanden. Derselbe Name Z. 19 geschrieben ‏רב‎. Eine arge Inconsequenz! Schliesslich scheint der Name in B1 und in einem Fragment vorhanden zu sein, aber zerstört: ‏ר[‏ב]‎.

Wer die erste Hälfte des Gottesnamens ‏רוב‎ von der Wurzel ‏רב‎ ableiten will, mag an Psalm 18, 11 ‏רוב־ב‎ ‏רב‎ erinnern und daran, dass die Sonne im Babylonischen (s. Jensen, Kosmologie S. 100) als rakub narkabti beschrieben wird. Von Eigennamen von dieser Wurzel ist mir nur Ru-u-kib-tu (Fürst von Askalon und Zeitgenosse Panammu's des Jüngeren) bekannt.

Die Zulässigkeit der Lesung Rekub mit langem û scheint mir dargethan durch solche Schreibungen wie ‏רב‎ = ‏רב‎ (hier 11; H 5. 30; B 17. 18. 19), ‏רב‎ = ‏רב‎ Z. 1. 2; ‏רב‎ = ‏רב‎ Z. 15; vielleicht auch durch ‏רב‎ H 32 (= ‏רב?‎).

Das Wort ‏רב‎ ist von den Keilschriftschreibern sowohl Bar wie Bir geschrieben, vergl. Zeitschrift für Keilschriftforschung II, 375.

‏רב‎ = ‏جنب‎. Das Wort ‏רב‎ auch Z. 2. 3. 7. 9. Dasselbe scheint in Z. 2 in der Form ‏רב‎ vorzukommen; ob diese gleich ‏רב‎ oder ‏רב‎ zu setzen, ist nicht zu bestimmen, da der Zusammenhang unterbrochen ist; jedoch erscheint mir ein Femininum (die Väter) in diesem Zusammenhange sehr unwahrscheinlich. Ausserdem findet sich ‏רב‎ in der Form ‏רב‎ Z. 10 und sonst.

‏רב‎, auch Z. 8. 10 (bis). 15. 16. 19. 20 (bis). 21 (?); H 1. 8. 14. 15. 17 (bis). 21. 22; B 2? Nach der Keilschrift Pa-na-am-mu-u lese ich Panammu, bemerke aber, dass die Vergleichung von solchen Schreibweisen wie Si-du-un-na ‏רב‎ und Hi-ru-un-na ‏רב‎ auch die Aussprache Pandad als möglich erscheinen lässt.

Der Auslaut -d legt die Vergleichung mit den Biblischen Namen ‏רב‎ ‏רב‎ und ‏רב‎ und den verwandten Bildungen im Nabatäischen, Palmyrenischen und Altarabischen (‏سطرد‎ ‏معفر‎ ‏سترد‎ ‏بلطم‎) nahe. Ich nehme zu dieser Kategorie von Namen auch ‏رب‎ und ‏רב‎ auf einer alten Gemme mit Ägyptischem Bildwerk bei M. de Vogüé, Mélanges S. 136 no. 39.

Die Natur der Namensform Panammu (Pa-na-am-mu-u) ist nicht durchsichtig; es ist nicht unmöglich, dass die Namen Tu-u-am-mu-u (oben S. 11), Ai-ra-am-mu (Aramäer, Fürst des Stammes Gambulu bei Sargon, Annalen 255), Gi-am-mu (Fürst am Belikh bei Salmanassar II., Annalen des Obelisks von Nimrud 55) Analogien in der Bildung aufweisen. Eine Semitische Wurzel zu geben ist nicht, und dass es jemals eine solche gegeben habe, ist kaum anzunehmen. Die nächst verwandten Wurzeln wären ‏רב‎, ‏רב‎, ‏רב‎. Ich sehe ferner keine Möglichkeit, das Wort als ein Compositum zu erklären. Gäbe es einen Gott ‏רב‎, so würde man als eine Bildung nach Analogie von ‏רב‎ die Schreibung ‏רב‎ erwarten. Wenn es also nicht gelingen will für den Namen Panammu eine Semitische Ableitung zu gewinnen, so müssen wir uns erinnern, dass das Aramäische jener Gegend und jener Jahrhunderte fast gänzlich unbekannt ist, und können dadurch auch nicht als bewiesen erachten, dass die Aramäisch schwellenden Panammu's etwas anderes gewesen seien als Aramäer.[1]

‏רב‎, ebenso Z. 3 und 20 (bis). Mein Vorschlag geht dahin, diesen Namen, der gänzlich unbekannt ist, einstweilen Bar-Sûr zu lesen. Die Analogie des Namens Bar-Rekub legt die Vermutung nahe, dass er etwa als Sohn des (Gottes) Sûr zu deuten ist. Einen solchen Gott wüsste ich nur mit dem biblischen ‏רב‎, das in einigen Eigennamen wir z. B. in ‏רב‎ vorliegt, zu vergleichen. S. A. Wiegand, Der Gottesname ‏רב‎ u. s. w. in der Zeitschrift für die Alttestamentliche Wissenschaft von Stade 1890 S. 85 ff.

In dem folgenden Theil der Zeile vermag ich nichts mehr mit Sicherheit zu erkennen. Möglich scheint an einer Stelle ‏רב‎ (Jakob) und danach eine Ableitung einer Wurzel ‏רב‎ (retten?), etwa ‏רב‎ ‏רב‎ (nicht ‏רב‎).

Inhaltlich berührt sich diese Zeile mit Z. 20, wo Bar-Rekub von sich in der ersten Person spricht.

Zeile 2.

‏אבת פלשית אלה יצרי מן פדרזז אלה היה בבית אביה יקם אלה ח‎

‏רב‎. Zwischen ‏רב‎ und ‏רב‎ ist der Zwischenraum grösser als sonst zwischen den Zeichen eines und desselben Wortes; da aber der worttrennende Punkt nicht vorhanden ist noch vorhanden gewesen zu sein scheint, so halte ich es für das richtigste die Zeichen zu einem Worte zu vereinigen und zu lesen etwa

‏רב‎ = ‏جنب‎

Dass hier von einer Rettung die Rede ist, erinnert an den Eingang der Mescha-Inschrift; während aber König Mescha von seiner eigenen Rettung spricht, wird hier von der Rettung des Vaters des Sprechenden oder irgend eines anderen seiner Vorfahren berichtet.

---

[1] Fr. Thomas (Archiv für Anthropologie, Bd. 19, 3 S. 256 Anm. 1) erinnert bei Erwähnung des Namens Panammu an den hieronimischen Namens auf ‏רב‎, nun Rev. C J Ball vergleicht einen Assyrischen Namen Banumu (Society of Biblical Archaeology, Proceedings 1888 June 5 S. 432). Er hätte noch Panammu-namen erwähnen können (s. Ramsay, Historical geography of Asia Minor, Index).

Ein Altsyrischer Name von derselben Wurzel ist ܐܕܝ, s. G. Phillips, *The doctrine of Addai the apostle* S. 42 ܐܕܝ.

ܐܒܕ gleich ܐܒܕ Z. 22. Dagegen in Z. 23 mit dem Suffix der 1. Person ܐܒܕܝ; ebenso H 4; H 12 ܐܒܕ. Vergl. ferner H 13 (?) ܐܒܕ; 29 ܐܒܕ.

Ich lese hier nach Phönicischer Orthographie[1] ܐܒ ܐܠܗ die Götter von *JDI* wie in derselben Zeile ܐܒ ܐܠܗ, obgleich die Incrosequenz der Schreibung diese Annahme als gewagt erscheinen lässt.

Der Auslaut des *status constructus* des männlichen Plurals wird vorwiegend mit ܝ geschrieben: ܐܠܗܝ Z. 10. ܐܠܗܝ ܐܒ das., ܐܠܗܝ B 17, ܐܠܗ ܐܒ B 4, ܐܠܗ ܐܒ B 10. 11, hier ܐܒ Z. 12. Dagegen ist vielleicht H 30 zu lesen ܐܒ ܐܒ ܐܒ ܐܒ. Falls diese Lesungen sich bestätigen, möchte man annehmen, dass im Altaramäischen wie im Hebräischen der *status constructus* des Nomens im *Plur. masc. gen.* auf *ê*, nicht wie im Edomenischen auf *ai* auslautete, denn der Diphthong wäre, vermutlich mit ܝ geschrieben.

Zu ܐܒ vergl. oben S. 15.

ܐܒ ܐܒ ܐܒ ܝܬ. Zu ܐܒ vergl. ܐܒ am Ende von Z. 2; ܐܒ ܝܬ ܝܬ ܐܒ Z. 7; ܐܒ H 27. 28. 31, ܐܒ H 29. Es ist zu beachten, dass ܐܒ und ܝܬ ziemlich dasselbe bedeuten: *Grab*. Ist ܐܒ eine Apposition zu ܐܒ ܐܒ? und bedeutet *Aset* (»die Götter des *Aset* im Hause seines Vaters«) vielleicht den Theil des Hauses, in dem die Götterbilder aufgestellt waren?

ܐܒ ܐܒ. Zu ܐܒ s. oben S. 21. Vergl. ferner ܐܒ ܐܒ Z. 7. 9, ܐܒ ܐܒ B 7. 12; H 9. Die Auflösung der Genetiv-Verbindung durch ܝ scheint nicht vorzukommen.

Im Folgenden ist die Lesung ܐܠܗ ܐܒ, die vielleicht in H 2 eine Stütze finden könnte, möglich.

Zeile 3.

בבית אבה חזרג אבזה ברצי חזרג סבכי זני אזחז אבזה

ܐܒ, dasselbe Z. 7. Vergl. ܐܒ Z. 5; ferner ܐܒ H 26, ܐܒ H 33, ܐܒ H 34. Diese Wurzel (im Edomenischen verschollen) hat vermutlich dieselbe Bedeutung wie im Hebräischen und Moabitischen.

ܐܒ ܐܒ. Über den Namen *Bar-Ṣûr* s. oben S. 21. Da der Zusammenhang verloren ist, kann man übersetzen: *Et tracidavit pater ejus vir Bar-Ṣûr* oder *Et tracidavit patrem suum vir Bar-Ṣûr*. Nach der letzteren Erklärung wäre der Grossvater *Bar-Rekûb*'s von seinem eigenen Sohne erschlagen worden, und da nicht anzunehmen ist, dass *Bar-Rekûb* von seinem eigenen Vater *Panamud* als Vatermörder gereizt habe, so muss der Mörder ein anderer Sohn *Bar-Ṣûr*'s gewesen sein, ein Bruder *Panamud*'s, wodurch wir folgenden Stammbaum erhalten:

```
              Bar-Ṣûr
              /        \
        Panamud        * (Mörder seines Vaters)
           |
        Bar-Rekûb
```

ܐܒ. Auf einem unedirten Basalt-Fragment findet sich:

```
    . . . . . ?
        . . . . ·
    . . . . ·   -
       . . . .
```

Wie in den Inschriften auf den Gewichten von König *Salmanassar IV.* die Zahl doppelt, d. i. sowohl durch das Zahlwort wie durch die Ziffer ausgedrückt wird, so auch hier:

$$\text{siebzig} \quad \frac{10+10+10}{10+10+10}+10, \qquad \text{dreissig} \quad \frac{10}{10}.$$

Die Ringfigur findet sich hier zum ersten Mal ausserhalb der Altbabylonischen Inschriften von *Gudea* und *Ur-bau*, wo folgende Ziffern vorkommen:

$$
\begin{aligned}
&= 10^? \\
&= 20 \\
&= 30 \\
&= 40 \\
&= 50
\end{aligned}
$$

8. *The inscriptions of Telloh. By Arthur Amiaud in Records of the Past. New series vol. II S. 79. 95; Amiaud et Méchineau, Tableau comparé des écritures Babyloniennes et Assyriennes S. 133. 134.*

Die Lesung ܐܒ scheint sicher; im Folgenden ist mir ܐܒ wahrscheinlicher als ܐܒ. Über die Verbindung der Wörter mit einander begehe ich mich des Urtheils. Was man etwa erwartet, wäre: »und siebzig (Mann) von dem Geschlechte seines Vaters«.

In dem zerstörten Theil der Zeilen sind hier und da einzelne Zeichen und kleine Zeichengruppen mehr oder weniger deutlich zu erkennen. Beachtenswerth ist ܐܒ und nach demselben die Möglichkeit der Lesung ܐܒ.

Der Schreiber berichtet über ein blutiges Drama aus der Geschichte seiner Familie.

---

[1] Vergl. ܐܠܗ ܐܒ ܐܠܗܝ ܐܒ Ct. I ܐܒ 22. 4; ܐܠܗ ܐܒ ܐܒ das. ܐܒ 122. 3.

[2] In den älteren Edomenischen Handschriften bedeutet der Ring ܐܒ 20.

Zeile 4.

וַיַרְדַ ° סוֹן ° מלא ° מסמרה ° וחסבר ° קדיח ° חדבת ° מן ° קדיח ° יְסִבְרַ

וירדה. Das zweite Zeichen ist zerstört, dürfte ein ו oder ו gewesen sein. וירדה weiss ich nicht zu deuten. וירדה könnte heissen *und sein Rest*, *Übriges*, und *er machte es (ihn) reichlich etbus* (von ﺍﺳ?).

וא. Vergl. Z. 10; *H* 12. 13. 20. entweder gleich Assyrischem *odt* — Syrisch ﻻﺳﺍ, oder = עַם ﻣﺍ Hebräisch von עַם Mannschaft, vergl. Deut. 26, 5 עַם *mit geringer Mannschaft*, oder eine Ableitung von der Wurzel ﺳﻮ *sterben* (= ﺳﻮ?).

אֹי. Vergl. Hebräisch אִי, אֵי.

וסוֹם, ebenso Z. 8. Möglich auch die Lesung וסום. Vergl. Hebräisch ﺳﺍ Burgen und ﺳﺍ Kerker. Etwa zu übersetzen: *und sein (des Geschlechtes) Rest starb in den Kerkern (als Füllung der Kerker)*.

וסום. Zu der Wurzel ﺳﻮ vergl. Z. 9: וסום וסום וסום. Weitere *Haf'il*-Formen sind: וסום *H* 19, וסום *B* 5, וסום hier Z. 9, וסום *B* 12, וסום hier Z. 18, וסום *H* 1. 14, וסום *H* 29, וסום CIS. II. 1. no. 75.

Die Bedeutung ist *viel machen* ﻛﺍ l: *und er machte, dass die zerstörten Städte mehr (zahlreicher) wurden als die Städte* —.

וסום. Vergl. Z. 15: וסום וסום ﻣﺍ ﻣﺍ *Städte aus dem Gebiet von Guryum*.

וסום. S. dieselbe Construction Z. 9: וסום ﻣﺍ וסום *er machte es schöner, als es vorher gewesen* und *B* 13: וסום וסום ﻣﺍ וסום *und ich machte es (das Haus meines Vaters) schöner, als dasjenige irgend eines der grossen Könige war*.

Der geschichtliche Hintergrund dieser Worte bleibt dunkel. Wer hatte die Städte zerstört? war durch den Vatermord (Z. 3) ein Krieg entflammt? Von einer Einmischung der Assyrer ist hier noch keine Spur.

Das auf das zweite וסום folgende Wort sieht aus wie וסום (*bewohnt?*). Der Rest der Zeile ist unwiederbringlich verloren.

Zeile 5.

ודב בבידר והזדער וחד בני ואם חיח ודב בארק°יאסי°יסי .. ל . . . . . סוגד . ב . . קדל°א . . . . . °אבי°אסי°סר°בֶן.נ י°אבד

Zu dieser Stelle, deren Verständnis ganz unsicher bleibt, ist zu bemerken:

1. Der Sprechende spricht hier nicht, wie in Z. 1, von sich in der 3., sondern in der 1. Person; also *mein Haus*.

2. Nach וסום folgt an beiden Stellen die Praeposition ב. Es hat den Anschein, als wäre eine Art *parallelismus membrorum* beabsichtigt: וסום וסום . . . . . . וסום וסום.

וסום. Vergl. *H* 25 וסום וסום *seine Hand mit dem Schwert*.

וסום. Zu der Endung vergl. וסום Jerem. 10, 11 und וסום Ezra 4, 12. Oder Optativ? S. Anmerkung zu Z. 3 (S. 22).

וסום, *den einen meiner Söhne* oder *irgend einen meiner Söhne*. Vergl. *B* 12, 13: וסום ﻣﺍ וסום *und ich habe es schöner gemacht als das Haus irgend eines der grossen Könige*. Vergl. ferner וסום *H* 27 (bis); וסום (?) *H* 28.

וסום, d. i. ﻣﺍ *meine Söhne*. Ebenso ﻣﺍ Z. 23; ﻣﺍ *meine Brüder B* 14.

וסום. Vergl. ﻣﺍ Jesaias 19, 16 und zu der Schreibung von וסום ﻣﺍ *B* 20: וסום *und ich habe erbaut* ﻣﺍ *dieses Haus*; ﻣﺍ *H* 14. Vergl. folgende Beispiele der 1. Person des Perfect: וסום *ich habe bekommen B* 11; וסום *ich habe errichtet H* 1. 14; וסום *ich habe mich gesetzt H* 8; וסום *ich habe gesetzt H* 19. Dieselbe Bildung mit Suffix וסום *und ich habe es schön gemacht B* 12.

Will man der Wurzel וסום nach Hiob 37, 6 die Bedeutung *herunterstürzen* = ﻗﻮﻯ geben, so kann man übersetzen: *und das Schwert hat Trauer herunterfallen lassen auf das Land*.

Dass in dem zerstörten Theil *Panammu Bar K̦aral* erwähnt war, scheint mir nahezu sicher. Das unmittelbar nach ﻟﺍ folgende kann gelesen werden ווְ .. ° °. Nach ﻣﺍ ﻣﺍ scheint möglich etwas wie וסום° ל° וסום.

Zeile 6.

סאוה ורסיחה וחטה ושסרח וקח ברם בשקל ושסרב° .... בשקל° ואסב . מסח° בשקל° ורבל° אבי

וסום. Vergl. Z. 9: וסום וסום וסום וסום. Weizen und Gerste legen die Vermuthung nahe, dass auch וסום und וסום Getreidearten bezeichnen. Man denkt zunächst an *Hirse* oder *Durra* ﺫ, und in der That findet sich das Wort im Hebräischen in dieser Bedeutung überliefert, s. Jesaias 28, 25: וסום וסום, wo einige der alten Übersetzer καὶ κέγχρον und *Hirse* übersetzen. S. den Commentar von DILLMANN S. 259.

Was die Schreibung des Wortes mit ° betrifft, so scheint ó = ﻣﺍ meistens *plene* geschrieben zu sein: וסום ﻣﺍ Z. 10. וסום *B* 5, וסום *H* 19, וסום hier Z. 13. 14 = וסום. Aber auch hier ist keine Consequenz der Orthographie, wie folgende Formen beweisen: (Hebräisch ﺳﺍ) *H* 8. וסום *H* 15, וסום (= ﺳﺍ) *H* 9. 10.

Zu dem Worte וסום vergl. ich das Assyrische *še-ur*; allerdings ist die im Assyrischen übliche Bedeutung *Getreide* hier nicht zulässig, vielmehr verlangt der Zusammenhang, dass das Wort eine bestimmte Art von Getreide bezeichnet.

רוד. Über den Zischlaut s. oben S. 20. Vergl. רוד קתלה in der Bilinguen CIS. II 1 no. 38. 39. Die Feminin-Endung wird mit ח (nicht mit ת) geschrieben, ebenso רוד רוד Inschrift von Tēmā (das. no. 113). Dieselbe Endung ist mit ה geschrieben in den Zahlwörtern רוד und רוד (das. no. 2. 3), während das Feminin-Tau in dem zusammengesetzten Zahlwort רוד (das. no. 1) erhalten ist. Ein Femininum im status constructus ist רוד B 9. 10; רוד רוד «in der Mitte von mächtigen Königen», ebenso רוד H 26. 32; רוד H 32; רוד hier Z. 9 רוד Z. 10; רוד Z. 11.

רוד רוד. Das Wort רוד kommt mehrfach in den Inschriften vor: hier Z. 2; רוד (?) H 2; רוד H 3; רוד H 30; dazu das Haf'il רוד Z. 18 und רוד H 1. 14.

Das רוד dürfte ungefähr denselben Sinn haben wie ל רוד רוד im Hebräischen.

רוד hier dreimal, entweder nach Gewicht oder nach dem Schekel (einem bestimmten Gewicht). Für die Lautlehre ist beachtenswerth, dass in der Consonantencorrespondenz Hebräisch ש ＝ Mittelaramäisch ת ＝ Arabisch ث das Altaramäische noch auf der Lautstufe des Hebräischen steht:

Hebräisch, Altaramäisch	Mittelaramäisch	Arabisch
רוד	רוד	ولب
רוד	רוד	كلل
רוד (CIS. II 1 no. 3)	רוד	كلث
רוד	רוד	

Die Altpersische Schreibung Aššura dürfte darauf hinweisen, dass auf Aramäischem Gebiet der Wechsel von ש zu ת sich zu Anfang der Achämeniden-Herrschaft oder etwas früher, also etwa im 6. Jahrhundert vollzogen hat.

רוד.רוד. Möglich etwas wie רוד. Eine Lesung רוד (＝ רוד) scheint mit den Zeichen nicht vereinbar. רוד רוד. Abgesehen vom letzten Zeichen scheint in רוד (dies wahrscheinlicher als רוד) die Lesung einigermaassen sicher. Man denkt zunächst an eine Ableitung von رمّ, رمّ; und er kiess ihn aufklopfen, erstammseln مسمار؟

Ob mit רוד die Zeichengruppe רוד Z. 21 combinirt werden darf? Das Wort kommt sonst nicht vor. Will man Hebräisch רוד, רוד Abgaben vergleichen, so ist das Fehlen des ג bedenklich; immerhin scheint diese Deutung nicht ausgeschlossen, auch könnte sie an dem folgenden רוד ＝ בר Fortegniss eine Stütze haben. Übrigens ist gerade die Erklärung der letzteren Worten mit besonderen Schwierigkeiten verknüpft, s. Anmerkung zu Z. 14.

Diese Zeile scheint auszudeuten, dass Theuerung und Hungersnoth im Lande geherrscht haben (vielleicht in Folge der in Z. 5 angedeuteten Kriegszustände) und dass irgend jemand die Noth der Bevölkerung durch Vertheilung von Korn zu erleichtern bemüht gewesen sei.

Zeile 7.

עד מלך אשד שלמה על בית אבה חזג מבן שוחה מן בית אבה...מן מדך...מן מדך....מ....אבי מן

In dieser Zeile wird zuerst der König von Assyrien erwähnt; ob damit Tiglatpileser III. oder einer seiner Vorgänger gemeint sei, bleibt unentschieden. רוד ist hier stets plene geschrieben wie im Alten Testament.

רוד. Vergl. H 17: רוד רוד רוד רוד. Möglich: «bis zum Könige von Assyrien und er machte ihn zum König über das ganze Haus seines Vaters und er ermordete .... vernichtete aus dem Hause seines Vaters».

Die Ergänzung בן ist nicht sicher, mir aber wahrscheinlicher als diejenige zu רוד. Für die Bedeutung zum König machen würde man die Form רוד (nicht das Piel) erwarten.

Die Lesung רוד ist sicher.

Über רוד s. oben S. 22. Die Reste von רוד an gestatten folgende Lesung: רוד רוד רוד...רוד.

Bei der vollständigen Zerstörung des Zusammenhangs können diese Worte sich ebensowohl auf eine Katastrophe in der Geschichte des Assyrischen Königshauses (Thronbesteigung von Tiglatpileser III.?) wie auf eine solche im Geschlechte des Bar-Rekûb und Panammû beziehen.

Zeile 8.

ואסש מבערת חזרך שבי יאור ו.....בי חזרך נשי ב

רוד. Die Bedeutung dieses Wortes (Piel eines Verbums נשר?) ist unbekannt. Ich vermuthe, dass es die Bedeutung des Zerstörens hat. Ob verwandt mit نشر (Wolle krämpeln), منشارٌ? — Zu רוד s. oben S. 23.

רוד. Obwohl diese Zeichengruppe zweimal in dieser Zeile vorkommt, ist mir eine ganz sichere Lesung nicht gelungen. Ob gleich hebräischem רוד? —

רוד רוד. Die Gefangenschaft oder die Gefangenen von JHUJ.

In dem linksseitigen Theil der Zeile ist רוד רוד רוד verhältnissmässig deutlich zu erkennen. Will man רוד (vergl. جذذ) als die Gruselten erklären, so kann man als Analogie für die Verwechselung von ש und ר diejenigen von ר und ד anführen, die in B 19 in der Schreibung רוד anstatt רוד vorliegt: רוד רוד רוד רוד רוד רוד רוד

«So ist es (‌) ein Haus des Winters für sie und es ist ein Haus des Sommers». Vergl. auch die Wurzeln ‌ und ‌.

Die Zeile dürfte ursprünglich von einem weiteren Fortschritt in der Rückkehr des Landes zu friedlichen und glücklicheren Zuständen berichtet haben.

Zeile 9.

בית אבה יהיסבה מן קדמיח יבברי הסה השיה ושאה חיייח * ביש * . * וֹאהמכלֹה

Es ist wieder von friedlichen Zuständen die Rede. Jemand (Panammu?) übernimmt das Haus seines Vaters, richtet es schöner her als es früher war, und Lebensmittel sind reichlich.

‌‌. Vergl. B 12: ‌ ‌ ‌ ‌ ‌ ‌ (sc. ‌ ‌) ‌‌. Andere Verba im Perfect mit demselben Suffix ‌‌ (?) Z. 12, ‌‌ Z. 7.

‌‌ ‌. Vergl. aus dem Biblisch-Aramäischen Dan. 6, 11 ‌‌ ‌ ‌ und aus dem Hebräischen Psalm 129, 6: ‌‌ ‌‌ ‌‌ (dazu F. Giesebrecht, Über die Abfassungszeit der Psalmen, in der Zeitschrift für die alttestamentliche Wissenschaft 1881 Heft 2 S. 109).

Von derselben Wurzel s. ‌‌ Z. 23.

‌‌. Die Wurzel ‌‌ hat im Aramäischen nicht die Bedeutung von ‌, sondern von ‌, d. i. viel, reichlich werden, sein. Vergl. ‌‌ Z. 4.

‌‌. Ebenfalls Z. 6. Die Lesung ‌‌ ist nicht ganz sicher, doch wahrscheinlicher als ‌‌.

‌‌. Man erwartet etwas wie ‌‌. Möglich scheint mir die Lesung ‌‌, doch finde ich keinen sicheren Beleg für eine solche Form des Suffixes. Vielleicht haben wir dasselbe in ‌‌ B 34 ‌‌, ‌‌ B 29, ‌‌, ‌‌ B 27.

‌‌. Zwischen diesen Zeichen ist ein Trennungspunkt nicht sicher wahrzunehmen. Es liegt nahe, abzutheilen ‌‌ ‌ und damals Lebensmittel». Vergl. Hebräisch ‌‌, Assyrisch a-ku-lu. Von derselben Wurzel B 9: ‌ ‌ ‌ ‌ und in meinen Tagen aß Korn und (Trinken ‌‌)». B 23: ‌‌ ‌ er giebt ihm zu essen». Der letzte Theil der Zeile gestattet möglicher Weise folgende Lesung: .... ‌‌‌‌.‌‌ ‌.

Zeile 10.

זלה ביטרי וברהיא אבי אשרי שם מרי בעל כסרי יבבלי * רבב * . ר . ח . * אבי * אשה * במצרח * סלמי * כסר *

‌ ‌‌‌ ‌‌. Wer ‌‌ mit dem Hebräischen ‌‌ combiniren will, muss in ‌‌ ein Nomen proprium sehen. Eine andere Erklärung, die Combination mit Hebräisch ‌‌ Kaufpreis und dem Talmudischen Ausdruck ‌‌ ‌ Niedrigkeit des Preises, würde in der unmittelbaren Anlehnung an die vorhergehende Zeile, wo von reichlichen Lebensmitteln die Rede ist, eine Stütze finden. Dabei bleibt aber die Endung von ‌‌ unerklärt, und die Lesung ‌‌ (= ‌‌) anstatt ‌‌ ist epigraphisch kaum zulässig.

‌ ‌, s. Anmerkung zu Z. 1 und 4.

‌‌. Vergl. Z. 11 ‌‌ ‌‌ und ‌‌ ‌‌; B 10, 11 ‌‌ ‌‌ ‌‌ ‌‌; ferner hier Z. 22 ‌‌ ‌‌. In dieser Stelle hat ‌‌ die Bedeutung «die Bürger, Leute von», wie Josua 24, 11 ‌‌ ‌‌ die Leute von Jericho, die Jerichoer und ‌‌ ‌‌ = Bezaria (TS. I. no. 120.

Ortsnamen ‌‌ (in der Bibel ein ‌‌) und a. ‌ (‌‌?) oder a. ‌ kann ich nicht nachweisen. An das ‌‌ ‌‌, eine Ortschaft der Kommagene bei Ptolemäus V., 15, 10, ist wohl in diesem Zusammenhange nicht zu denken, und anderweitige Ortsnamen aus Samal ausser Latibu sind bei den Assyrern, soweit ich sehe, nicht überliefert. Zu ‌‌ vergl. dasselbe Wort in Z. 3.

Für den Schluss der Zeile empfehle ich folgende Lesung zu weiterer Prüfung: *‌‌‌*‌‌....*‌‌.*‌‌‌‌ *‌‌‌‌‌. Der Ausdruck ‌‌ ‌‌ auch in Z. 12. In dem Worte vor ‌‌ scheint das zweite Zeichen ein ‌ oder ‌ zu sein.

Wenn wir uns zu diesem Satze den Assyrerkönig (Tiglatpileser) als Subject denken, so hätte derselbe über zwei Stadtgebiete eine Verfügung getroffen zur Zeit des Panammu, vielleicht derartig, dass dieser letztere von der Maassregel betroffen war. Hat er sie dem Gebiete des Panammu hinzugefügt?

Zeile 11.

בי לי בעל כסד חז תל בעל זהב בוהסחמיה יבבדיקה די אחו בבח מיאה מלך אשד

Oratio directa. Das politische Testament Panammu's an seinen Sohn Bar-Rekûb! Vorher fehlt etwas wie «‌‌‌ ‌‌».

‌‌, vergl. B 13: ‌‌ ‌‌ ‌‌ ‌ und B 31: ‌‌ ‌.

‌‌, stets ohne ‌ geschrieben, wie im Phönicischen, s. Z. 22; B 22.(?) 30; B 17. 18. 19.

‌‌, dasselbe vermuthlich Z. 19: ‌‌ ‌‌, ferner B 4. 5: ‌‌ ‌‌ ‌‌ ‌ «Wegen der Gerechtigkeit meines Vaters und meiner Gerechtigkeit liess mich wohnen» u. s. w.

ירי ז. Vielleicht darf man dies ז mit Hebräisch ר und Bildisch-Aramäisch דו, lässt combiniren. Im Assyrischen findet sich pi-i und pa-a; vergl. die Redeweisen aus Ura? ikkind piḫuru … mit Uru? hatten sie sich verbündet; pa ittu ušakhia = ich machte sie einmüthig (s. H. Winckler, Die Keilschrifttexte Sargon's S. 221). ...... Ich las früher רשם, halte aber jetzt רשא für sicher. Danach ist das Facsimile zu berichtigen.

הרא. Die Ergänzung ist sicher, vergl. Z. 12. 13. 15. 16. 17 (bis); מרא mein Herr B 5. 6. 9; הרא מרא Herr der vier Viertel der Erde B 3. Mit einer gewissen steifen Förmlichkeit wird das Wort im Titel des Assyrerkönigs wiederholt; stets Dominus rex Assyrius oder Dominus Tiglatpileser rex Assyrius.

Ein König von Damascus, Zeitgenosse von Rammanníras (812—783) führte den Namen Marw. Ferner findet sich das Wort in dem Mesopotamischen Ortsnamen Bar-Mar-…-na (Filius Domini Nostri). Über die weitere Verbreitung des Wortes s. CIS. II 1 no. 79 Anmerkung; I. Euting, Nabatäische Inschriften S. 35. Im Eleusinischen ist א zu י geworden in מריא. Dass das Wort auch zu den Aegyptern gedrungen, s. G. Ebers in der Zeitschrift der Deutschen Morgenländischen Gesellschaft 31 S. 468.

Zu dem status emphaticus, der hier viel seltener ist, als der status absolutus und syntaktisch mit ihm gleichwerthig zu sein scheint, vergl. מרא B 4. הרא B 18 לאה, ארה B 19 לאה, ארא B 20. ישרא B 14. 15.

Zeile 12.

אשיר אדי ישרי יאנר יהומה מראה מלך אשיר על מלאי כברי ברם (ברש?)

Weitere Anordnungen des Königs von Assyrien.

יהומה. Ein Wort dieser Form ist nicht bekannt; das nächstverwandte scheint das Hebräische יהו, Assyrische piḫatu Statthalter. Oder ist יהו ein Ortsname? — Wenn wirklich von einem piḫatu die Rede ist, so muss ein Theil des Landes oder der Nachbarschaft Assyrische Provinz gewesen sein.

, ישרי יאנר. Da die Ausdrücke die Götter von Jaadi (Z. 2. 22) und König von Jaadi (H 1) beweisen, dass dies der Name einer Stadt, eines Landes, eines Fürstenthums war, so dürfen wir nicht übersetzen und mein Bruder Jaadi, sondern müssen jene Bedeutung auch hier festhalten; allerdings kann ich mir von dem Zusammenhange, in dem diese Worte gestanden haben mögen, keine rechte Vorstellung machen: «(und der König von) Assyrien (hiess einnehmen? vernahm?) verwalten?) den ירי und meinen Bruder (das Land?) Jaadi. Und der Herr, der König von Assyrien hiess ihn (den letzteren) zu Felde ziehen» u. s. w. In diesem Falle träte noch eine dritte Persönlichkeit, ein zweiter Sohn Panammû's hier auf, dessen Name indess — in dem erhaltenen Theile der Inschrift — nicht genannt wäre.

Wenn also ein (älterer?) Bruder Bar-Rekûb's hier erscheint, so war der Vater, Panammû, möglicher Weise in seinem Lande nicht anwesend. War er im Heergefolge Tiglatpileser's gegen Damascus (s. Z. 18) gezogen?

ישרי. Vergl. von derselben Wurzel ישרי Z. 13. 16. 17. Ist meine Deutung »und er hiess ihn sich lagern« richtig, so ist allerdings die Schreibung des ב in der Mitte des Wortes sehr auffallend, und man müsste annehmen, dass im Altaramäischen das Poel nicht, wie man erwartet, יִשַׁר, sondern nach Hebräischer Weise ישר (wie רִשַׁע) lautete. Die Construction mit ב entspricht dem Sprachgebrauch der Bibel.

כברי. Eine Ortschaft oder Gegend des Namens כבר in Nordsyrien ist mir nicht bekannt. Als Namen proprium ist das Wort aus der Bibel bekannt. Vielleicht findet es sich auch in Z. 10.

Zeile 13.

בגלגל מראה ותגלתפלסר מלך אשיר מחנר ... מן מרקא סמס תער מעורב

לאה. Vergl. B 8: מן ל? ומן ירי לאה (von der Wurzel ל??) רשם. Das Rad des Königs von Assyrien kann doch wohl nur das Rad des königlichen Wagens sein. Ob übertragen für Herrschaft gebraucht?

ותגלתפלסר. Hier zuerst erwähnt; ferner Z. 15. 16 und R 3. 6 (hier ותגלתפלסר geschrieben). Die Aramäer Nordsyriens haben die Lautform dieses Namens ebenso aufgefasst wie die Israeliten.

מחנר. Ebenso Z. 16 und 17. Das Wort ist nicht etwa ein Plural wie das Hebräische מחנה, sondern ein Singular, wie die Apposition מלה ותגלת in Z. 17 beweist. Für diese Bildungsweise wüsste ich nur den Biblischen Ortsnamen מחנים sowie מחנה auf den Münzen von Karthago zu vergleichen. Im status constructus steht es wahrscheinlich Z. 16, sieher Z. 17: מחנר מן das Lager des Herrn. Nach מחנר ist möglich etwa eine Lesung זה oder זו.

מעורב מן מרקא. Das folgende מרקא Untergang, West deutet darauf hin, dass hiermit Aufgang, Ost gemeint ist. Dieselben Ausdrücke noch zweimal in Z. 14.

In Genesis 19. 23 ist מרא vom Aufgehen der Sonne gebraucht; מרקא מוצא und Psalm 19. 7 bezeichnet מוצא exitus den Sonnenuntergang (im Assyrisch ṣit šamši); im Gegensatze dazu introitus der? Aufgang der Sonne, s. Daniel 6. 15: מעלי שמש עד. Vergleicht man nun das bei Jeremias 10. 11 überlieferte ארקא = Hebräisch ארץ, so dürfen wir wohl auch hier ז und צ einander gleichsetzen und identificiren מרא = מרקא. In diesem Zusammenhange ist die Jeremianische Wortform von unschätzbarer Bedeutung; sie kann ebenso wie ארקא nur auf Grund der folgenden Lautcorrespondenz erklärt werden:

Altaramäisch	Mittelaramäisch	Hebräisch	Arabisch
?	?	?	فش

Ich ziehe hierher auch den Eigennamen *Marpase* [1] = مرفش.

Der Lautwandel von p zu f innerhalb des Aramäischen ist ähnlich demjenigen von p و zu Hemze in dem Neuarabischen Dialekt von Syrien (z. B. *Beirut*).

ריוי..ּ. Die Zeichen nach ' glaubte ich lesen zu können als ריו »vom *Anfang der Sonne* (bis zum) Untergang». Die ganze Stelle dürfte im Zusammenhange einer Verherrlichung des Assyrerkönigs vorkommen.

Zeile 14.

... רבצוארק יבזת סיקא ססס יבל סטרצ יבזת סטרצ יבל סיוקא שוּשס ואבי

Vermuthlich eine Fortsetzung der Verherrlichung des Assyrischen Königs.

ריוו. Ein Punkt ist zwischen diesen Zeichen nicht wahrzunehmen. Man erwartet ריו ריו »die *Viertel der Erde*« wie B 3. 4; ריו ריו ריו, Übersetzung des Assyrischen Titels *kur kibrat irbittim*.

Die Wörter ריו und ריו im Hebräischen haben männlichen Plural; hier aber dürfte eine verwandte Bildung mit weiblichem Plural vorliegen.

Vielleicht ריו = ריוי? — Eine solche Wortform mit der Bedeutung der Theilzahl ist ungewöhnlich und nur etwa mit dem Hebräischen שלש (Drittel?) zu vergleichen.

ואבי ויוו ריו s. Anmerkung zu Z. 14.

Man möchte zunächst annehmen, dass ריו von *Ost bis West und* von *West bis Ost* gemeint sei, aber abgesehen davon, dass für die Zeichengruppen ריו und ריו die Bedeutungen ריו — *bis* nicht nachzuweisen sind, spricht auch noch der Umstand dagegen, dass in der vorhergehenden Zeile das ריו, vom *Sonnenaufgang* durch ריו, ריוו ריוו ausgedrückt ist.

Das Wort ריו findet sich nur an dieser Stelle, ריו ausserdem Z. 6 und 21 (bis), an beiden Stellen in nächster Nähe des Wortes ריו, ריוו. Sollte ריו wie im Hebräischen *Ertragniss* bedeuten, so würde ריו erinnern an das Assyrische *bîttu Erzeugniss, Product*. Für den Fall, dass a Praeposition sein sollte, erinnere ich daran, dass in H 14 ein Wort ריו vorzukommen scheint: ריו ריו ריו ריו ריו ריו ריו ריו *-zu bauen. Da erbaute ich den ריו und stelle auf diese Hadad-Statue«.* Bedeutet ריו Tempel, *cella, adytum*?

Eine Combination ריו = حلم hat wenig Wahrscheinlichkeit für sich.

Zeile 15.

נבלח סראאת ילמיתבלסר סלן אסר' קייח סן נבל סים°....רי' חבצי ססא בר בוֹרצין

ריו, vergl. בל (und בו) im Alten Testament und bei *Esmunazar* (CIS, 1 no. 3 Z. 20).

ריו, s. Anmerkung zu Z. 4.

ריו, d. i. *Gurgum*, Assyrisch *Gurgume* (bisher *Gamgume* gelesen), ein *Samal* benachbartes Fürstenthum, bestehend vermuthlich aus dem Gebirgsrücken nördlich von *Antiochia* über *Pagras* bis *Marvas*, östlich davon zu *Kommagene* und *Melitene* grenzend, mit *Marhuse* = *Marvas* مرفش als Hauptstadt (zur Zeit *Sargon's*). Vergl. meine Mittheilung in den Sitzungsberichten der Königlichen Akademie der Wissenschaften zu Berlin vom 7. April 1892: Über das Nordsyrische Reich *Gurgum*.

Die hier berichtete Thatsache ist aus *Tiglatpileser's* Inschriften nicht bekannt. Vorher ist etwa zu ergänzen: »(und es fügte hinzu zu) seinem *Gebiet der Herr Tiglatpileser*, *König von Assyrien*, *Städte aus dem Gebiet von Gurgum* .... mein *Vater Sohn des Bar-Sûr* ....

Zeile 16.

ססתצ ונם סין אבצ' סטי בלצרי סראאת ילתבלסר סלן אסר בסחצת רב.

ריו, unbekanntes Wort. Die biblischen Namen ריו, ריו ריו helfen nicht weiter, ebensowenig die Namen *Sa-an-ga-ra* (Fürst von *Karchemisch*) und *Sa-an-ga-ra* (Fluss *Sadjûr*).

ריו, s. auch H 8: ריו ריו ריו ריו ריו ריו *und setzte ich mich auf den Sitz (Thron) meines Vaters«*, und H 9: .... ריו ריו ריו ריו ריו *und in meinen Tagen auch Speise und (Trank war reichlich)«*. Hier begegnet uns zum ersten Mal das Wort ריו ausserhalb des Hebräischen; denn späteren Aramäisch ist es abhanden gekommen.

ריו. Vielleicht ist dies = حلم zu setzen, da in der folgenden Zeile von dem Beweinen eines Verstorbenen die Rede zu sein scheint.

ריוי oder ריוי. Die Lesung scheint einigermaassen sicher, die Bedeutung mir unbekannt. Etwa *an der Seite des*? oder zu den Füssen des = ריוי?

Während *Bar-Rekûb* in Z. 19 von sich selbst spricht, hat er wahrscheinlicher Weise vorher über das Ende seines Vaters berichtet. War dieser im Feldlager *Tiglatpileser's* vor *Damascus* gestorben? Vergl. Zeile 18.

---

[1] Nach einer freundlichen Mittheilung von Herrn Prof. C. *Barton* findet sich auch die Form *Mar-pa-si-e-s*.

Zeile 17.

ובביח אידוח סלם ובבירוח מדבה מראה ואלואלשר סלן עשי־ כלה תלקח מראה סלן אן|שיד

~~~ und ~~~ (dies auf einer Rasur, die Zeichen eng zusammengedrängt) = ‎ڤ‎ und ‎ڤ‎ nach Analogie von *Ezechiel* 8, 14 ~~~ ~~~ und dem Syrischen Sprachgebrauch?

~~~. Vergl *H* 27. 28: — ~~~ ~~~ | ~~~ ~~~ | ~~~ ~~~ ~~~[a] ~~~ ~~~ ~~~ — und *H* 30 ~~~. Bedeutung unbekannt, ebenso die Wurzel, es sei denn, dass ~~~ *Jesaias* 31, 21 auf eine Wurzel ~~~. *infirmae* zurückgeht. Zu beachten die Möglichkeit der Lesung ~~~ in Z. 3.

Bei der Unbestimmtheit von ~~~ muss auch ~~~ (der Eigenname Μαὸεγεε?) einstweilen unbestimmt bleiben. ~~~. Vergl. *H* 12: ~~~ ~~~ ~~~ »sie nehmen aus meiner Hand«.

Wenn Z. 16 von dem Tode *Panammu's* berichtet, so scheint Z. 17 von der Trauer zu sprechen, die das Lager des Assyrerkönigs dem Verstorbenen widmete.

Zeile 18.

י נבשח חקט לח י טבב־ י בשרח הזקבר אבי סן דמשק לאשר ביחו

~~~. Vergl. *H* 17: ~~~ ~~~ ~~~ ~~~ und *H* 22: ~~~ ~~~. Diese Lesung (nicht ~~~) scheint mir sicher. Bedeutung unbekannt.

~~~ ~~~. Vergl. ~~~ ~~~| *H* 1. 14. Die folgende Zeichengruppe lese ich ~~~ oder ~~~.

~~~. Die Lesung (namentlich des ר) ist nicht ganz sicher, scheint mir aber den vorhandenen Spuren am besten zu entsprechen.

~~~ halte ich für sicher. *Tiglatpileser* war 733 und 732 mit der Belagerung und Eroberung von *Damascus* beschäftigt, zog dann heimwärts und ist seit 732 nicht mehr in Syrien gewesen. Wenn also in ~~~ *Tiglatpileser* das Subject ist, so dürften die hier angedeuteten Ereignisse vor dem Jahre 732 stattgefunden haben. Vermuthlich war es das Jahr des Regierungsantritts von *Bar-Rekûb*.

~~~. Das י ist nicht sicher. Gegen die Gleichsetzung mit ~~~ spricht, dass das Wort sonst immer *plene* geschrieben wird.

Vielleicht dürfen wir übersetzen »~~~ *nach dem Lande*, d. i. nach seinem Heimathlande (ot ‎ڤ‎?) *Samal*, wonach die Leiche des vor *Damascus* gestorbenen *Panammu* in seine Nordsyrische Heimath gebracht worden wäre. Zu ~~~ vergl. *H* 27: — ~~~ ~~~ ~~~ ~~~ ~~~ ~~~ und 32: ~~~.

Zeile 19.

יח ביחה כלה יאמכי ברכב בר פנמו|־ בז|רק אבי ובצדרק חוסבני־ מראי־ סלן|אן|שיד

~~~. Ob vorhergeht ~~~? — ~~~[an] *und es beweinte ihn sein ganzes Haus.* Vergl. Z. 17.

~~~. Über diese Schreibung s. oben S. 21.

~~~. Neben dieser mit dem Hebräischen identischen Schreibung findet sich ~~~ *H* 1, dagegen *B* 20 das Wort ~~~ (= Syrischem ‎ڤ‎). Der Anfang von *B* ist zerstört, so dass es unsicher bleibt, ob dort [נ]ה oder [ת]ה zu ergänzen ist. Wir haben hier also dieselbe Erscheinung wie im alten Testament, zwei Formen für das Pronomen der ersten Person ~~~ (נא) und ~~~ (in der 2. Hälfte des 8. Jahrhunderts) wie im Hebräischen ~~~ und ~~~. Nach *Giesebrecht* (Zur Hexateuchkritik, Zeitschrift für die Alttestamentliche Wissenschaft 1881 Heft 2 S. 41. 75. 82) hat ~~~ seit dem Ende des 7. Jahrhunderts im hebräischen Sprachgebrauch die Oberhand gewonnen.

Für die Lesung und Ergänzung des folgenden Theiles der Zelle vergl. *B* 4—7: ~~~ ~~~ | ~~~ ~~~ ~~~ ~~~ | ~~~ ~~~ ~~~.

Die Wurzel ~~~ findet sich in einem Altaramäischen Eigennamen ~~~ *(*IN. 11) no. 73.

Nachdem *Bar-Rekûb* die Geschichte seines Vaters *Panammu* beendet, berichtet er von seiner Thronbesteigung durch die Gnade des Königs *Tiglatpileser* und von der Erfüllung der Pietätspflichten gegen seinen verstorbenen Vater, Errichtung dieses Denkmals (er nennt es ~~~ Z. 22) und eines Mausoleums (?).

Zeile 20.

אבי פנמו בר ברצי ישה־ י־טב חן|לוסד אבן| לפנט בר ברצי יברצ ×

~~~ dürfte abhängig sein von einem Worte ~~~ oder ~~~: *und es liess mich sitzen mein Herr u. s. w. auf dem Throne meines Vaters*.

~~~. Zu der Form ‎ڤ‎ vergl. ~~~ *H* 1. 14.

~~~ ~~~|. Diese Ergänzung würde dem Raum (von circa 5 Zeichen) einigermaassen entsprechen. Zu ~~~ vergl. Z. 22.

Zeile 21.

ואמר בסתרה ועל יבל אמן יסמרה י סלך י . . . . . . ־ ר י ייבל יי . מ י קדם י קבר י אבי אבן סר־

Es scheint mir nicht unmöglich, dass ursprünglich in dieser Zeile eine Bestimmung betreffend die Pflege und Unterhaltung des Denkmals (und des Gebäudes, in dem es stand?) sowie eine Anweisung von Einkünften für diesen Zweck enthalten war. Dazu würden die Bedeutungen מרט == Hebräisch מרץ *Abgaben* und בל == בל *Einkünfte* sehr wohl stimmen, s. hierüber oben S. 24. 27. Von der Lesung סר קרם kann ich nicht mehr sagen, als dass sie mir möglich scheint. Nach יבל könnte ein Ausdruck wie בל בל gestanden haben.

Zeile 22.

חוכר זמה חזא אם הזיר ועל וריכבאל בעל בית ישמש יכל אלהי יאוד־

תר. Vergl. *H* 30: הר הר; *H* 16: יתר; *H* 17: יתר. Zu רה vergl. oben S. 20.
כר. Vergl. oben S. 25.
שם. Vergl. *H* 33: הר רה רם הר. ש בל מרה הר.

Was die Bedeutung betrifft, so gewährt die Syrische Wurzel ܫ *schön sein* nicht das, was in diesem Zusammenhang erwartet wird. Der Stifter empfiehlt das Denkmal dem Schutze der Götter seines Landes und seines Hauses. Aber freilich *Schutz* kann שם nicht bedeuten. Hatte es etwa den Sinn *Besitz, geweihter Besitz?* In dem Falle könnte es mit Arabischem سمٯ verwandt sein. Hebräisches שם *höhr* scheint nicht in den Zusammenhang zu passen.

תר. Vergl. oben S. 12. 16. 17.

Bekanntlich kommt der Gott *El* auch in Namen auf Aramäischen Gemmen vor, s. CIS. II 1 no. 77 אלשמר und no. 78 אלשם. Die Lesung בל ist mir wahrscheinlicher als ש.

In אלה ist das ה nicht mit Sicherheit zu erkennen, mir aber wahrscheinlicher als אלו (*die Götter*, Phönicisch).

Zeile 23.

י קדם אלוה וקדם אנש

אנש, vielleicht in Z. 21; ferner in einer *Bilinguis* des CIS. II 1 no. 65.
Zu dem Ausdruck *vor meinen Göttern und vor Menschen* vergl. קדם אלה in der Inschrift von *Témd* Z. 20. Das Wort אנש findet sich auch auf einer *Bilinguis* CIS. II 1 no. 17.

Nach Z. 23 dürfen wir wohl annehmen, dass der Schlusspassus der Inschrift etwa gelautet habe: Und verflucht sei der, der zerstört dies Denkmal, das ich gesetzt habe *meinem* Vater (אבי)), *vor meinen Göttern und vor den Menschen.*

III. INHALTSÜBERSICHT, ÜBERSETZUNG, SCHRIFT UND SPRACHE.

Die Inschrift ist vielleicht eine Grabinschrift, jedenfalls aber eine historische Inschrift in des Wortes bester Bedeutung. Wäre sie für unsere Zeit ganz erhalten geblieben, so könnte sie wie ein Blatt aus den historischen Büchern der Bibel gelesen werden, und zwar wie eines der inhaltreichsten. Da aber von jeder Zeile — abgesehen von der letzten — nur der Anfang oder etwas wie die erste Hälfte vorhanden ist, so fehlt uns der Zusammenhang der Erzählung jetzt und gewiss für alle Zeit, und wir sind gegenüber einem solchen Torso nur zu sehr auf Conjectur angewiesen.

Der Inhalt gliedert sich ziemlich deutlich in drei Gruppen:

I. Z. 1–6: *Geschichte des Fürstengeschlechts von Samal, der Vorfahren des Stifters des Denkmals, in der Zeit vor der Einmischung der Assyrer.* Wenigstens wird ein Assyrerkönig in diesen Stücken nicht genannt. Auf Mord, Krieg und Zerstörung scheint eine Errettung und eine Periode friedlicher Bestrebungen gefolgt zu sein, als deren Träger wir uns wohl den Vater des Stifters, Panammu, den das Bildwerk darstellt, denken dürfen.

II. Z. 7–19 (Anfang): *Geschichte des Panammu und seiner Beziehungen zu König Tiglatpileser III. von Assyrien.*

Panammu richtete das Haus seines Vaters her und sorgte, dass in seinem Lande Lebensmittel vorhanden waren; nachdem er alsdann seinen Sohn zum Stellvertreter bestellt und ihm seine Instruction ertheilt (Z. 11), ging er zum grossen Tiglatpileser in dessen Feldlager und nahm als getreuer Vasall an seinen Kriegen Theil, wofür ihn möglicher Weise dieser durch einen Zuwachs zu seinem Fürstenthum (einige Städte in Gurgum? Z. 15) belohnte. Er starb, fiel vielleicht vor den Mauern von Damascus (733 vor Chr. Geb.), und sein Tod wurde vom ganzen Heerlager wie von allen Seinigen beklagt.

III. Z. 19–23: *Der Stifter des Denkmals spricht von sich selbst.* Wegen der Gerechtigkeit seines Vaters und wegen seiner Gerechtigkeit hat ihn der Assyrische Grosskönig den Thron seines Vaters besteigen lassen, worauf er, zunächst die Pietätspflicht gegen den todten Vater erfüllend, demselben dies Denkmal setzt und es dem Schutze der Götter seines Landes und seines Hauses empfiehlt.

Wenn wir nun einen ersten Übersetzungsversuch unternehmen müssen, so wollen wir nicht unterlassen im Voraus zu erklären, dass auch noch mehr unsicher ist, als in der Übersetzung selbst oder in den Anmerkungen direct als unsicher bezeichnet worden ist und dass bei mehreren Stellen von einer zusammenhängenden Übersetzung nach vielfachen Versuchen doch schliesslich Abstand genommen werden musste.

ÜBERSETZUNG.

1. Diese Statue hat gesetzt BRRKB (*Bar-Rekûb*) seinem Vater, dem PNMW (*Panammu*), Sohn des BRSR (*Bar-Sûr*) . . . . mein Vater(?) . . . .

2. . . sein (seinen?) Vater, ihn errettet hatten die Götter von JHDJ (*Jaudi?*) vor seinem Verderben (aus seinem Kerker?), die Götter des *het* (?) im Hause seines Vaters. Und es erhoben sich (?) die Götter von . . . . Verderben . . . .

3. in dem Hause seines Vaters, und er ermordete seinen Vater *Bar-Ṣûr* und ermordete
siebzig 70 .. .. seines Vaters ....

4. und sein (des Geschlechtes) Rest starb in den Kerkern, und er machte, dass
die zerstörten Städte mehr (zahlreicher) wurden als die Städte ....

5. das Schwert über mein Haus und ihr tödtet (?) irgend einen meiner Söhne.
Und *ym hvjt* das Schwert über das Land *Jaudi* .... *Panammû* Sohn des
[*K*]*RL* .... mein Vater ....

6. *žvh* (eine Getreideart) und Hirse und Weizen und Gerste, und er erhob sich,
vertheilte nach Gewicht, und *š.rb* .... nach Gewicht, und er liess ihn einsammeln (?)
mžt nach Gewicht, und *jbl* mein Vater (meines Vaters) ....

7. bis hin zum Könige von Assyrien und er machte ihn zum König über das ganze
Haus seines Vaters, und er ermordete .... vernichtete aus dem Hause seines Vaters
.... mein Vater von ....

8. und er zerstörte (?) die Kerker und er liess frei (?) die Gefangenen von *JIDJ*
und ..... meines Vaters, und er liess frei (?) die Weiber von .... das Haus
der getödteten (Weiber) .....

9. das Haus seines Vaters und machte es schöner, als es vorher gewesen, und
reichlich war Weizen und Gerste und *žvh* (eine Getreideart) und ...... in seinen (?) Tagen,
und damals (?) Lebensmittel ....

10. *zžt mvkrw*. Und in den Tagen meines Vaters *Panammû* setzte er das Land der
Bewohner (Bürger) von *KPJRJ* und der Bewohner von *RKB*, ... meinen Vater
Panammû in der Mitte der Könige von *KBR*..

11. ...... wenn er auch wäre ein Inhaber von Silber und ein Inhaber von Gold,
nach seiner Weisheit und seiner Gerechtigkeit richte dich (wörtlich: den Mund), nach dem
Flügel (an der Seite?) des Herrn, des Königs von Assyrien ....

12. Assyrien (Assyriens) der (den) Statthalter und mein (meinen) Bruder (Stadt oder
Land) *JIDJ*. Und der Herr, der König von Assyrien liess ihn sich lagern (? zu Felde
ziehen) wider die Könige von *KBR* (?) ....

13. an dem Rade des Herrn *Tiglatpileser* des Königs von Assyrien ein Lager ....
von dem Aufgang der Sonne bis zum Untergang ....

14. die (der) Erdviertel und *bnt* Aufgang der Sonne *jbl* Untergang, und *bnt* Untergang *jbl* Aufgang der Sonne, und mein (?) Vater ....

15. sein (seinem) Gebiet der Herr *Tiglatpileser*, König von Assyrien, Städte aus dem
Gebiet von *Gurgum* .... und mein Vater *Panammû*, Sohn des *Bar-Ṣûr*)

16. *bnrj*, und es starb auch mein Vater *Panammû* in (zu) .... des Herrn
Tiglatpileser, des Königs von Assyrien, im Lager von ....

17. und es beweinte ihn *gbh mlkw*, und es beweinte ihn das ganze Lager des Herrn,
des Königs von Assyrien. Und es nahm der Herr, der König von Assyrien

18. .... *nbšh* und er errichtete ihm .... an der Strasse, und er liess hinüberziehen meinen Vater von *Damascus* nach dem Lande (?) in meinen Tagen ....

19. .... sein ganzes Haus. Und ich *BRKB* (*Bar-Rekûb*), Sohn des *Panammû*,
wegen der Gerechtigkeit meines Vaters und wegen meiner Gerechtigkeit hat mich sitzen
lassen der Herr (*Tiglatpileser*), König von Assyrien, auf dem Thron)

20. meines Vaters *Panammû*, des Sohnes des *Bar-Ṣûr*. Und ich habe gesetzt diese
Statue (zum Andenken für meinen Vater) für *Panammû*, den Sohn des *Bar-Ṣûr* und ich
habe gebaut (?) ......

21. und Befehl betreffend die Abgaben (?), und über das Erträgniss ....
der (den) König von .... und das Erträgniss .... vor (?) dem Grabe meines
Vaters *Panammû* ....

22. Und dies Denkmal ist der Besitz (?) des *Hadad* und des *El* und des *Rekubel*, des Herrn des Hauses, und des *Semes* und aller Götter von *JIDJ* ....

23. .... vor meinen Göttern und vor den Menschen.

Fig. 10. Das Altaramäische Alphabet auf der Statue des Königs Panammû von Samal.

Die Schrift auf der *Panammu*-Statue ist eine etwas jüngere Form desjenigen Altsemitischen Alphabets, das wir aus der Mescha-Inschrift und der ältesten Phönicischen Inschrift, derjenigen auf der in Cypern gefundenen Bronze-Schale aus dem Tempel des *Baal* vom Libanon (CIS, I no. 5) kennen. Vergl. die obige Schrifttafel. Die wesentlichsten Kriterien einer jüngeren Zeit sind folgende:

1. Das *Daleth* ist nicht mehr ein reines Dreieck, sondern zeigt bereits die Verlängerung des rechten Schaftes nach unten, wodurch es so tief in die fatale Ähnlichkeit mit dem *Resch* hineingerathen ist, dass eine Unterscheidung des einen Zeichens vom andern nicht mehr überall möglich ist. Auch durch die Stellung, ob senkrecht oder schräg, unterscheiden sie sich nicht mehr genügend von einander.

2. Das *Tau* hat nicht mehr wie bei *Mescha* die Form eines gleichschenkligen Kreuzes. Der kürzere Schenkel ragt über den längeren nach links hinüber. Das *Tau* der Cyprischen Vase steht in der Mitte zwischen demjenigen von *Mescha* und dem unsrigen.

3. Das zu einem einzigen Strich zusammengezogene *Zain* sticht bedeutsam ab von den älteren Gestalten dieses Buchstabens. Auf der *Hadad*-Statue findet sich die älteste Gestalt des *Zain*.

4. In dem *Samech* durchzieht der senkrechte Schaft nicht mehr alle drei Querschafte, sondern setzt an den untersten Querschaft an.

5. Der Kopf des *Koph* ist auf der rechten Seite nicht mehr geschlossen. Die *Hadad*-Statue hat noch die älteste Gestalt der Buchstaben.

6. Das *Cheth* hat hier wie auf der *Cyprischen* Vase drei Querschafte, bei *Mescha* nur zwei.

7. Der Kopf des Waw ist gänzlich verschieden von dem des Mescha-Zeichens.

8. Das Gimel unterscheidet sich von dem Mescha-Zeichen durch den viel kürzeren linken Schaft, während die ältere Form mit zwei gleich langen Schaften noch auf der Hadad-Statue vorkommt.

Die Stellung der Buchstaben, ob mehr senkrecht oder schräg, ist in der Inschrift nicht überall gleich. Ebenso differirt der Abstand zwischen den einzelnen Zeichen, wodurch bei halb oder ganz zerstörten Stellen die Abschätzung der Zahl der Buchstaben, die etwa in der betreffenden Lücke gestanden haben mögen, unsicher wird.

Der worttrennende Punkt, der bekanntlich in den Semitischen Inschriften sporadisch vorkommt (vergl. CIS. pars II no. 17. 28. 34. 38. 39. 40; ferner pars I no. 11. 89. 91. 149. 170), um schliesslich ganz zu verschwinden, steht hier neben den Köpfen der Buchstaben, bei Mescha neben den Füssen. In der Bauinschrift des Bar-Rekûb hat das Interpunktions-Zeichen eine oblonge Gestalt.

An einer Stelle liegt ein deutliches Versehen des Steinmetzen vor, nämlich in Z. 17. Vergl. die Anmerkung zu dieser Stelle (צבדי־). Vielleicht liegt eine Rasur auch in dem oberen Theil von Z. 2 in der zweiten Hälfte vor, wo man die Zeichen שׁ ° חׁ(?)ׁ (oder שׁ) zu sehen glaubt, sowie rechts und links davon.

Ferner ist zu beachten, besonders für die zerstörten Theile, dass die einzelnen Zeilen nicht immer ganz genau grade Linien bilden.

Die zerstörten Stellen sind, namentlich in den untersten Theilen, ganz glatt ab-gerieben. Das Loch unten in der Mitte hat man wohl gebrochen, um eine Stange zum Zweck der Fortbewegung hineinzustecken.

Wenn wir darauf angewiesen wären, das Alter des Denkmals ausschliesslich nach dem Schriftcharakter zu bestimmen, so müssten wir es dem Zeitraum zwischen Mescha und der Cyprischen Vase einerseits und der Regierungszeit Salmanassar's IV. (727 · 722) andererseits anweisen, und zwar dieser Zeitgrenze bedeutend näher rücken als jener. Denn die nächste Verwandtschaft zeigt die Schrift mit den Legenden auf den Gewichten von Salmanassar IV. (s. das Corpus inscriptionum Semiticarum, pars II, tom. I no. 1—12). Auf diesen ist die Schrift weniger sorgfältig behandelt, hat etwas cursives, mehr abgebranntes, während sie auf der Statue Panammu's mit voller Sorgfalt behandelt ist, einen mehr eckigen, monumentalen und im Übrigen einen etwas älteren Charakter hat. Man würde die Inschrift nach den schrift-geschichtlichen Indicien etwa der Mitte des 8. Jahrhunderts anweisen müssen.

Über die Zahlzeichen in Z. 3 s. die Anmerkungen zu der Stelle.

Wo gegenwärtig Kurden und Türken wohnen, ackern und weiden, in der äussersten Nordwest-Ecke Syriens zwischen dem See von Antiochien und dem Amanus bei Marsat, wohnte in hohem Alterthum ein Brudervolk, Bruderstamm der Hebräer, mit diesen durch ihre Sprache wie zum Theil durch ihre religiösen Anschauungen so nahe verwandt wie vergleichs-weise Franken und Sachsen, Alemannen und Bajuvaren. Seitdem ist die Grenze Semitischen Volksthums von dem die Semitische von der Kleinasiatischen Welt scheidenden Amanus-Gebirge südwärts verschoben bis zu einer Linie, die etwa die Orontes-Mündung, Aleppo und den Euphrat bei Kalʿat-Enugim mit einander verbindet. Wo jetzt arme, culturarme, besten Falls einiger Elemente des Islams kundige Bauern in fieberreicher Umgebung den Kampf um das Dasein kämpfen, wohnte früher ein Semitisches Volk mit einem reich gegliederten Religions- oder Cultus-Wesen, civilisirt und reich genug — und nicht erst seit dem Tage zuvor —, um Werke der Baukunst und Sculptur auszuführen, die der Vernichtung von Jahrtausenden widerstehen konnten und auf die Anerkennung und Werthschätzung der Nachwelt einen gegründeten Anspruch haben. Die Ausgrabungen geben uns ein ausserordentlich lehrreiches und anschauliches Bild von der Blüthe, deren ein politisches Kleinwesen bei günstigen Boden-verhältnissen im hohen Alterthum fähig war.

Eine tiefe religiöse Anschauung, der Gedanke der vollständigen Abhängigkeit des Menschen von seiner Gottheit beherrscht diese Nord-Semiten ganz ähnlich wie die Hebräer. Nicht der Mensch thut etwas, etwas wichtiges, sondern *der Gott erhebt sich und lässt ihn thun;* der König nimmt nicht, erhält nicht das Scepter, sondern *der Gott giebt es ihm;* nicht setzt sich der König auf den Thron seines Vaters, sondern *der Gott lässt ihn auf demselben Platz nehmen*, und was er zu einem Denkmal für fernere Zeiten bestimmt hat, empfiehlt er dem Schutze des Gottes seines Hauses und der Götter seines Landes. Er nennt sich mit Vorliebe *Sohn des Gottes*, den er anbetet. Wie diese ganz religiöse Anschauung an die Bibel und biblische Ausdrucksweisen erinnert, so sind es zum Theil auch dieselben Gottheiten, welche dort wie hier angebetet wurden, *El* und *Ṣûr*, vielleicht auch der *Cherub*, falls meine conjecturale Deutung der Namen *R•kûb•El* und *Bar•R•kûb* sich bestätigen sollte. Andrerseits verehren sie *Šemeš die Sonne* gemeinsam mit den Assyrern, *Rešep* gemeinsam mit den Semitischen Bewohnern *Cyperns* und *Hadad* gemeinsam mit den südlicher wohnenden Stämmen ihrer Nation, namentlich den Damascenern.

Von dem Wesen der Phönicier, deren Colonie *Myriandos* (in der Gegend von *Iskenderûn*) nicht weit entfernt lag, ist in diesen Denkmälern und Inschriften nichts zu verspüren, es sei denn dass man einige Analogien in der Orthographie betreffend Vocalbezeichnung für Phönicisch erklären wolle.

Die Sprache der Inschriften ist gänzlich unberührt von fremden Einflüssen, so dass wer Phönicisches oder Assyrisches oder gar Kleinasiatisches hier sucht, vollständig enttäuscht wird. Abgesehen von den fremden Namen fremder Menschen und Dinge wüsste ich zur Zeit nicht ein einziges Fremdwort in diesen Inschriften nachzuweisen, so dass man sie in dieser Hinsicht der Inschrift des Moabiter-Königs *Mesha* und den reinsten Hebräischen Theilen der Bibel an die Seite stellen darf.

Je älter das Aramäische ist, um so mehr gleicht es dem Hebräischen. Diese Erkenntniss musste man bereits aus den bisher bekannten Inschriften und Inschrift-Stücken entnehmen und findet man durch die *Panammû*-Inschriften vollauf bestätigt. Einige Stellen in ihnen praesentiren sich in dem Consonanten-Gerippe derartig, dass man zuerst glauben konnte Hebräisches vor sich zu haben. Manche Einzelheiten der Sprache sind in den Anmerkungen besprochen worden; eine zusammenhängende Darstellung derselben werde ich geben, sobald mir die äusseren Verhältnisse gestatten das gesammte Material vorzulegen.[1] Nur einen Punkt möchte ich schon jetzt hervorheben, die fast vollständige Übereinstimmung zwischen dem Altaramäischen und Hebräischen Consonantensystem. In den wichtigsten Gesetzen wurzelmässiger Lautcorrespondenz, in denen das Verhältniss zwischen Hebräisch, Aramäisch und Arabisch zum Ausdruck gelangt, nehmen Hebräisch und Altaramäisch dieselbe Lautstufe ein:

Hebräisch, Altaramäisch	Mittelaramäisch	Arabisch
שׁ	ת	س
שׂ	ת	ث
צ	ת	ص
ז	ד	ذ

Dagegen differirt das Altaramäische in der Correspondenz:

Altaramäisch	Hebräisch	Mittelaramäisch	Arabisch
ק	צ	ע	ض

von Hebräischen, wobei zu beachten ist, dass man zur Zeit die Natur und Bedeutung dieses Lautverhältnisses für das Altaramäische bei dem geringen Umfang des bisher bekannten Sprachstoffes noch nicht übersehen kann.

---

[1] Vergl. einstweilen Halévy, Recherches bibliques 11e fascicule p. 501—504.

Die Entzifferung muss — abgesehen vom Hebräischen — in den Aramäischen Theilen der Bibel, von denen diejenigen im Daniel der Zeit 167/168, diejenigen in *Esra* circa dem Jahre 300 vor Chr. Geb. angewiesen werden, ihre nächste Hülfe suchen und bestrebt sein, so gut es geht, den Zwischenraum von 730—300 durch Combination zu überbrücken. Die Inschriften und Inschrift-Fragmente, welche sich aus dieser Zwischenzeit erhalten haben, sind leider im Ganzen zu wenig umfangreich, als dass sie ausgiebige Hülfe gewähren könnten, wenn sie auch im Einzelnen beachtenswerthe Fingerzeige geben. Nächst dem Biblisch-Aramäischen kommt besonders die Syrisch-Edessenische Literatur-Sprache in Betracht.

Die Sprache der Inschrift ist jenes רמא *Aramäisch* (LXX übersetzt *Syrisch*), das die Abgesandten des Assyrerkönigs *Sanherib* und die Minister des Königs von Juda, *Hiskias*, vor den Mauern von Jerusalem mit einander sprachen (*Jes.* 36, 11; 2. *Kön.* 18, 26), eine Sprache, die, obwohl dem Hebräischen nahe verwandt, dennoch verschieden genug war, um von dem auf den Mauern lauschenden Judäischen Volke nicht verstanden zu werden. Genauer gesprochen, war es ein Dialekt dieses רמא, denn da die Aramäer über weit von einander entfernte Länder wie Babylonien, Nordmesopotamien und Syrien verbreitet waren, so müssen wir annehmen, dass auch ihre Sprache dialektisch verschieden war, wenn auch vielleicht nicht vielmehr als im Neuarabischen der Dialekt der Städter von dem der Beduinen. Die Sprache *Panammu's* — eine jüngere Form derselben war die Sprache Christi — lebt in unseren Tagen fort im Munde der christlichen Bauern in den Ebenen und Gebirgen zwischen Mesopotamien und Nordwest-Persien, im *Tûr-Abdîn* in Nordost-Mesopotamien und als eine kleine Sprachinsel im *Antilibanus*.

Berlin, 2. März 1892.   Eduard Sachau.

Fig. 18. Kopf des Hadad-Statue, neben Ansschnitten des Zimmermans der untern Inschriften, dnni Generaldruck.

Berlin gedruckt in der Reichsdruckerei.

STELE ASARHADDONS.

INSCHRIFT AUF DER RÜCKSEITE DER STELE ASARHADDONS.

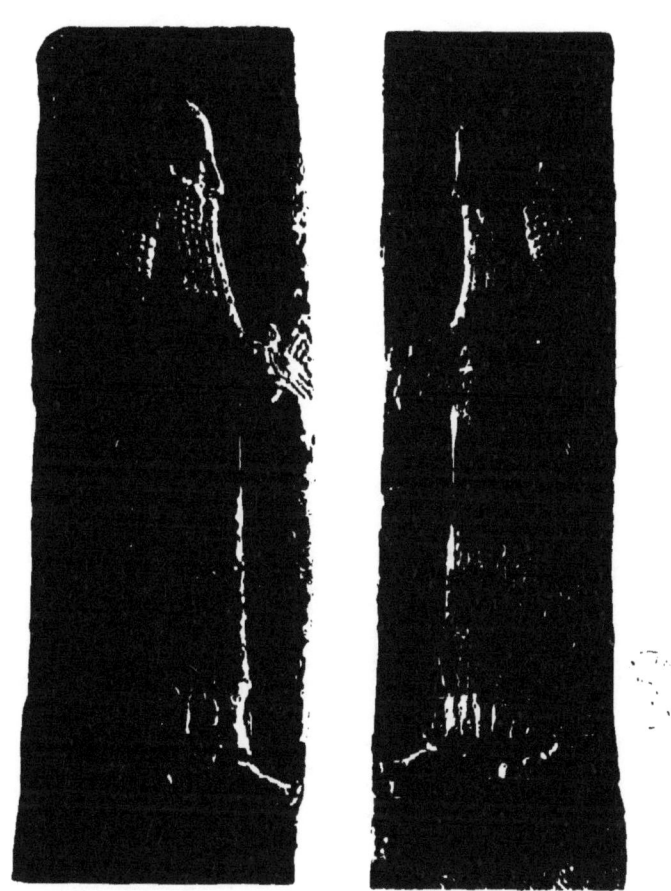

RELIEFS AUF DEN SCHMALSEITEN DER STELE ASARHADDON'S.

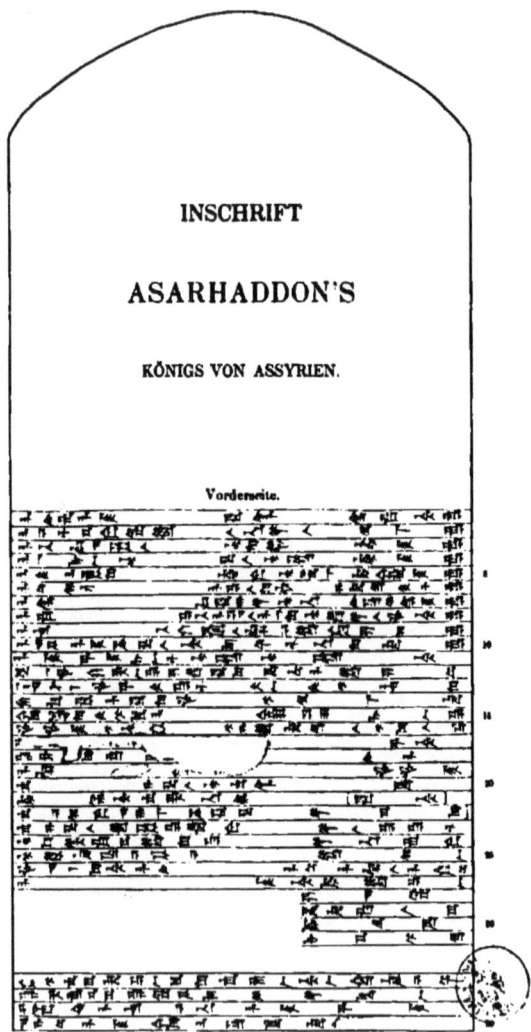

INSCHRIFT

ASARHADDON'S

KÖNIGS VON ASSYRIEN.

Vorderseite.

Rückseite.

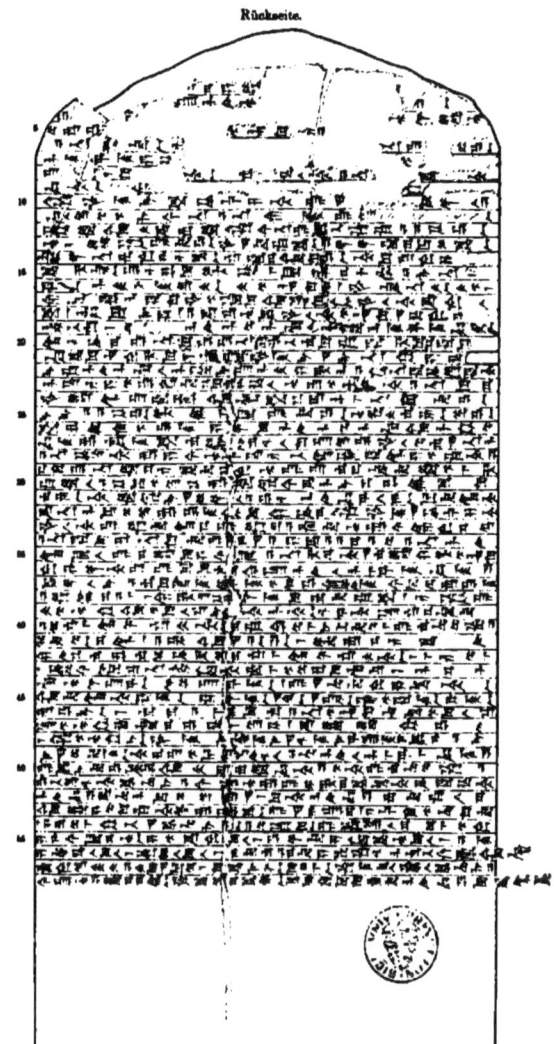

STATUE DES HADAD.

INSCHRIFT DER HADAD-STATUE.